百科学术文库

百科全书编纂实践

梅 益 著

中国大百科全书出版社

图书在版编目（CIP 数据）

百科全书编纂实践 / 梅益著 . -- 北京：中国大百科全书出版社，2023.5

ISBN 978-7-5202-1334-9

Ⅰ . ①百… Ⅱ . ①梅… Ⅲ . ①百科全书 - 编辑学 Ⅳ . ① G237.4

中国版本图书馆 CIP 数据核字（2023）第 074323 号

策 划 人	杨牧之
责任编辑	张若楷
责任校对	梁嬿曦
责任印制	李　鹏
出版发行	中国大百科全书出版社
地　　址	北京市阜成门北大街 17 号　　邮政编码　100037
电　　话	010-88390778
网　　址	http://www.ecph.com.cn
印　　刷	北京汇瑞嘉合文化发展有限公司
开　　本	710 毫米 ×1000 毫米　　1/16
印　　张	8.5
印　　次	2023 年 5 月第 1 版　　2023 年 5 月第 1 次印刷
书　　号	ISBN 978-7-5202-1334-9
定　　价	86.00 元

《百科学术文库》编委会

主　　编：杨牧之
副 主 编：刘祚臣　刘　杭
　　　　　朱杰军
执行编辑：张若楷　王　丽

总　序

杨牧之

　　《百科学术文库》是关于百科全书编纂的理论与实践的学术性、知识性、资料性文库。其编纂宗旨在于收集和整理有关百科全书编纂的文章和著作，特别是围绕《中国大百科全书》编纂的文章和著作，从理论与实践的结合上探讨百科全书的编纂理论，总结百科全书的编纂经验，同时进一步探讨在数字化网络化条件下百科全书的编纂模式和编纂规律，为实现百科全书从传统到现代的转型作出贡献。

　　资料的收集和整理是学术研究的初步和基础，也是本文库的主要任务。

　　作为后学，我在阅读前贤著作的过程中，得到如同耳提面命般的教益。关于百科全书的渊源，似可从中西两方面去谈。一般认为，西方百科全书式的书籍始于公元前4世纪前后的古代希腊。之后，百科全书大体上经历了三个阶段：以教科书为基本性质的古代百科全书，以教育作用为主、兼顾查检功用的中世纪百科全书和以工具书作用为主的近现代百科全书。这样三个演变阶段，前后经过了2000多年。在这2000多年的发展过程中，西方出现过林林总总的百科全书，但直到1772年以狄德罗为首的百科全书派编纂的法国百科全书（《百科全书，或科学、艺术与手工艺大词典》）28卷出齐，才从根本意义上奠定了现代百科全书的基石，被公认为百科全书编纂史上的重要里程碑，而狄德罗则被誉为现代百科全书的奠基人。在此同时及之后，世界上著名的百科全书陆续出版。如代表了西方知识体系的、历经250年编纂的《不列颠百科全书》（总共出版纸版15版），以及随后出版的《布罗克豪斯百科全书》《美国百科全书》《迈耶百科全书》《钱伯斯百科全书》《拉鲁斯大百科全书》《苏联大百科全书》《俄罗斯大百科全书》等等，形成了一个庞大的丰富多彩的西方百科全书大家族。说到中国的百科全书，在漫长的古代历史中，也出现过许许多多百科全书性质的类书。世界著名的《不列颠百科全书》就认为中国古代类书已具有百科全书性质；认为中国第一部类书《皇览》成于三国时期，即公元220年前后，至今有一千七八百年历史了；还认为明初《永乐大典》"是有史以来世界上最大的百科全书"。不过，从严格的百科全书概念去衡量，应该说，直到20世纪80年代《中国大百科全书》编纂之前，中国一直没有真正意义上的现代百科全书出现。20世纪的最后20年，是中国现代百科全书的创世纪。从那时开始到现在40年过去，《中国大百科全书》第一版、第二版先后问世，伴随其间的是各种类型的百科全书百花齐放、硕果累累。进入21世纪的最初20年，《中国大百科全书》第三版则开启了中国网络百科全书的崭新时代。从事第三版策划、编纂的同志们接过一版、二版专家学者和编辑们开创的现代百科事业大旗，积极探索，继续前进。

回望百科全书编纂发展的漫长过程，我们似乎看到，不同时代不同国家的百科编纂者，一直不屈不挠地探索百科全书编纂的奥秘，积累了丰富的经验，给我们留下了厚重而又宝贵的百科全书编纂的财富，等待着我们去叩门，去发掘，去继承。

2011 年末，《中国大百科全书》第三版经国务院批准正式立项。一个新的追求与探索的征程开始了。

《中国大百科全书》第二版编纂完成，筹划编纂第三版的时候，中央领导明确指出要不断前进，不断创新，特别提出"传播力决定影响力"的观点，要求我们改进传播方式，不但要搞纸质版，还要数字化，搞网络版，要跟上世界的潮流。特别要提出的是，在文化出版领域，《中国大百科全书》第三版这样的项目，可以说是近 10 年仅有的一个由国务院立项的工程。这个工程是中办和国办印发的《国家"十三五"时期文化发展改革规划纲要》中仅有的三个"国家重大出版工程"之一，而且是名列第一位的工程。可见，党中央国务院对这项工程的重视和期待。

2017 年，第一次在中国科学院的科学网上披露三版编纂工作情况，迅即引起海内外媒体的广泛关注。国内的《参考消息》《中国新闻出版广电报》《中华读书报》《环球时报》《南华早报》（香港），国外的美联社北京分社、新加坡的《联合早报》、英国的 BBC、《新西兰先驱报》等纷纷发表消息和评论，可见世界对中国编制新一版"中国大百科全书"的特别关注。

在这样一个幸运、兴奋与艰难前行、苦苦探索相交织的过程中，我们越来越明显地感受到，总结世界各国百科全书编纂经验，尤其是中国百科全书 40 年来的编纂经验，对探索百科全书编纂理论，对编纂一部高质量高水平的百科全书是多么必要；在实际的编纂实践中，我们越来越清晰地认识到，集中、全面、深度地整理与描写百科全书的编纂理论和实践，是百科全书编纂研究的基础性工作，此项工作不到位，继承和发展百科全书编纂理论就缺少材料基础。为此，2018 年下半年，我们开始了《百科学术文库》的选题设计和基本资料的收集整理工作。在将近一年的编选过程中，我们感觉百科全书编纂研究需要补做两个基础性的工作：一是摸清百科全书编纂研究的理论家底，梳理出符合中国特色的百科全书编纂理论体系；二是在百科全书编纂人才的培养方面，需要有一套实用的百科全书编纂指导工具书，以帮助新的百科人从中提炼出适用的编纂理论和编纂方法，对百科全书的编纂工作起导向和指引作用。这是《百科学术文库》的目的和任务，也是《百科学术文库》的价值和意义所在。

百科全书的编纂是一项实践性很强的规模巨大的系统工程，这决定了百科全书编纂研究也是一项繁复的学术研究工程。百科全书作为一种包括一切门类知识或全面介绍某一门类知识的工具书，如何汇集人类知识并对之作出明白易懂的叙述，中外百科人进行了长期的探索，不同类型、不同系列的百科全书性质不同、作用不同，编纂方法也不同。百科全书与普通图书、与字典词典、与年鉴志书、与教材专著等等，异同何在？无论什么类型、什么系列的百科全书都有一个从总体设计开始的编纂过程，都必须经过确定编纂方针、制定编写体例，设计框架（知识分类）、选收条目，组织作者、统一撰稿，培训编辑、审稿加工，专项核实、统编成书，维护更新、修订再版、版权保护等繁复细致的编纂流程。进入网络化时代，则让百科全书的面貌焕然一新，出现了知识传承的更多可能。这其中的每一个环节和变化，都是百科全书编纂研究的对象。古今百科全书编纂的演变，中外百科全书编纂的异同，未来百科全书编纂发展的趋势，也都是百科全书编纂研究的课题。

如上所述，《百科学术文库》的编选和出版是中国百科全书编纂研究最为初步的工作，我们希望以此构筑百科全书编纂研究的基础。为此，文库遴选了 20 世纪末中国第一代百科人筚路蓝缕，在编纂《中国大百科全书》第一版，填补中国百科全书空白，铸造中国文化丰碑的过程中留下来的艰辛探索和编纂实践的宝贵论著；同时也遴选了 21 世纪最初 10 年中国第二代百科人继往开来，编纂《中国大百科全书》第二版，与世界百科全书编纂模式接轨，再造中华文化丰碑的研究成果；此外，还将遴选国内外关于各类百科全书的编纂理论和实践的研究成果，并希望由此伴随《中国大百科全书》第三版网络版和纸质版的编纂，收获到数字化网络化条件下百科全书编纂理论和编纂实践的新发现、新理论和新成果，以推进中国百科全书编纂研究的发展。

《百科学术文库》将分批陆续出版，计划每种（册）大体 30 万字。目前第一批陆续出版的有：姜椿芳先生的百科全书文集《〈中国大百科全书〉编纂缘起与研究》，梅益先生的《百科全书编纂实践》，金常政先生的《百科全书编纂学》，黄鸿森先生的《百科全书编纂纵横》，孙关龙先生的《百科全书编纂是一门学问》，胡人瑞先生的《百科全书编纂研究》，以及文库编委会编辑的《马克思 恩格斯 列宁与百科全书》等。此后，将视资料收集整理和作者的写作情况陆续推出。

由于文库所收的文章和著作时间跨度很大，在整理编辑过程中，我们大致掌握以下几个原则：一是所收文章和著作，尽量保持原貌，各卷的结构不作硬性统一；对不同作者的语言文字习惯，给予最大程度的尊重。二是所收文章和著作，除作者已去世外，皆请原编著者编选过目和订正，并选用较为完备的底本，或经作者修订的新本。三是所收文章和著作，皆保留原文或原著的注释。四是所收文章皆保留或注明文章原始出处和发表日期，以便读者查阅。

为了做好本文库的编纂出版工作，我们组建了"百科学术文库编辑委员会"。在收集整理和编辑出版过程中，编委会同仁做了大量艰苦细致的工作，调研、访谈、核对、校勘、版权和文字编辑、排版，不敢有丝毫怠慢。我们希望文库的出版能发挥它应有的作用，达到我们的目的，实现我们的初心。

由于《百科学术文库》编纂出版的工程规划追求完美，所收文章和著作力求有用，诚请各位专家、学者惠予支持，热情荐稿。在编选整理过程中，疏漏或不妥之处恐也难免，敬请读者批评指正。

2019 年 7 月 10 日

梅 益

　　梅益（1914.1.9～2003.9.13）广东潮安人。1935年在北平参加左翼作家联盟。
1937年加入中国共产党。抗日战争时期，曾任中共上海市文化工作委员会书记，
创办中共地下组织领导的《译报》和《每日译报》，并主编《华美周刊》、《求
知文丛》、《上海一日》（报告文学集）。1946年任中共驻南京代表团发言人。
1947～1949年任新华通讯社总社编委、副总编辑。中华人民共和国建立后，历任
中央广播事业局副局长、局长、党组书记，中华全国新闻工作者协会副主席等职。
1978年调中国社会科学院任秘书长、副院长、党组第一书记。1986年起任中国大
百科全书出版社总编辑、社长，展望出版社董事长。曾任第一、五届全国政协委
员，第一、二、三、六届全国人大代表，第六届全国人大常委，中共一、二届中
央顾问委员会委员。著有《梅益谈广播电视》（1987），译有《西行漫记》（1938）、
《续西行漫记》（1939）、《对马》（1937）、《钢铁是怎样炼成的》（1942）等。

目　录

中国学术界的一次检阅[1]
——写在《中国大百科全书》出齐之时

  我国第一部大型现代综合性百科全书《中国大百科全书》（以下简称《全书》）的编辑、出版工作，已在今年初完成，8月可全部出齐。历时15年。全书计74卷，共收77 859个条目，12 568万字。从事编撰的专家、学者和研究人员约20 670人。到今年年初已发行260万册，平均每卷3.6万册。

  我国早有出版"类书"的传统，但现代综合性百科全书长期未能出版。1978年中国社会科学院的《情况与建议》发表了原马、恩、列、斯编译局副局长姜椿芳同志关于编纂百科全书的倡议。不久中国社会科学院院长胡乔木同志向邓小平同志建议编辑出版中国大百科全书，得到小平同志的支持。同年，中共中央和国务院批准国家出版局、中国科学院、中国社会科学院联署的《关于编辑〈中国大百科全书〉的请示报告》和《补充报告》，随后建立了以胡乔木同志为主任的《中国大百科全书》总编委会和具体负责编辑出版工作的中国大百科全书出版社和上海分社，中国大百科全书出版社由姜椿芳、梅益先后任总编辑。原计划《全书》共80卷，用10年左右时间出齐。1987年总编委会为保证《全书》质量，决定压缩卷数，减为74卷（包括总索引1卷），出齐时间延至1993年。现编辑出版工作已按计划完成。全国两万多位专家、学者的辛勤劳动和前国家出版局现新闻出版署的大力支持，使这部巨著得

---

[1]本文原载于《百科知识》1993年9月号。文章发表时曾对原稿进行了删节。这次按原稿收入本书。

以问世。

百科全书是知识的总汇,是扼要概述人类的知识和历史,并着重反映现代科学文化成就的辞书。"盛世修典",《全书》是乘十一届三中全会的东风起步的。当时全国形势大好,但百科事业毫无基础,要编辑出版这样一部辞书,其困难是可想而知的。1978年社编委会曾讨论过多种设想,1979年终于确定按学科分卷编一卷出一卷,以及编80卷10年出齐的规划并展开工作。这个决定的优点是比较符合当时国内学术界的实际情况,可以早日出书,以满足读者的需要。出版社草拟的《全书》编辑方针,在总编委会修改后,经过多年实践的检验,证明是正确的,对《全书》的编辑工作具有指导意义。

《全书》是对中国学术界的一次检阅

1917年蔡元培先生在为《植物学大辞典》所作的序言中说:"一国之文化常与其辞书相比例。……社会学术之消长,视各种辞典之有无与多寡而知之。"他希望我国"不必乞灵于外籍",能有自己编写的辞书。现在事隔70年,蔡老先生的愿望终于成为事实。我国近年已出现了一个出版辞书的高潮。第一部中国大百科全书的出版,可以说是我国科学文化事业繁荣发达的一个标志。

英国李约瑟博士是研究中国科技历史的权威。他在看了《天文学》卷后撰文说:"全书水平很高,印刷精美,……应为此感到自豪。"日本的传媒说,《全书》的出版是中国"对世界的百科全书的挑战"。国内发表的许多评论,都给《全书》以好评。台湾出版界人士说:"大陆出版的《中国大百科全书》是具有国际标准的","是当代中国最大的知识工程","大陆规划出版此书的气魄不能不令人叹服"。海内外的诸多评论虽不无过誉,但《全书》确有鲜明的中国特色,它提供了我国丰富的研究成果、有创见的论述和首次发表的宝贵资料,这些是其他国家的百科全书所没有的。《全书》大多数学科卷是我国在各该学科中第一次问世的辞书，有些在国际上居于前列。所有这些都丰富了人类的知识宝库，使《全书》在世界百科全书之林中占有它应有的地位。

《全书》是对我国学术界的一次空前大检阅。领导这个重大的知识工程的是由全国著名专家、学者和个别负责编辑工作的人员共110人组成的总编委会。不幸的是，书成之日，共有32位包括总编委会主任胡乔木同志已先后去世。参加《全书》编写工作的，据初步统计共20 672人，实际不止此数。党中央、国务院主要负责同志有的亲自审阅重要条目，有的亲自撰写条目，个别还担负过学科卷的主编。中国科学院第四届400位学部委员中，有336位（占84%）参加《全书》编撰工作；哲学、社会科学方面有代表性的专家学者，也大多参加编撰工作。各卷的编写人员，最多的是《军事》卷，约2300人；最少的是《世界地理》卷，仅93人。参加编撰的人数超过300人的有46卷，其中超过500人的有23卷。成书时间，除《天文学》卷因集中编写只26个半月外，一般都较长，多数卷约5～6年，《中国文学》为8年，《生物学》《现代医学》为10年，《中国历史》为12年。许多年迈学者为撰稿审稿、搜集查核资料，往往夜以继日，艰苦备尝，众多事迹可歌可泣，感人至深。文学家周扬、经济学家许涤新、考古学家夏鼐、历史学家侯外庐、冶金学家孙德和、物理学家王竹溪、天文学家戴文赛、政治学家陈体强等都是在住院期间仍继续领导有关的卷的编撰工作。法学家钱端升等老专家都亲到北京图书馆查核资料。建筑学家童寯临终前仍在写《江南园林》条目，当他写到"扬州以莳花闻名远近，清初……"即溘然去世。许多年迈学者不顾辛劳，抱病为《全书》撰写条目，使《全书》得以"抢救"一批造诣精深的学术财富。众多专家学者参加编写工作，不仅保证了《全书》的质量，而且促进了各该学科的科学研究与交流，使不同学派的学者由隔阂疏远而趋向团结合作。

《全书》编辑工作的基本要求是尽力做到内容精、新和实用。它既关注基础，又偏重前沿；既顾及过去，又重视现代；既侧重中国，又涵盖世界。《全书》阐述的基本知识和提供的大量资料，其广度、深度和容量使它成为一个比较完整的知识系统。它的覆盖面包括哲学、社会科学、文学艺术、文化教育、自然科学和工程技术等66个学科或知识门类。按国际惯例，百科全书一般都侧重社会科学。《全书》根据我国实际需要，自然科学与工程技术学科所占的比例略高于社会科学。按卷数前者为37卷，后者为36卷；按字数，前者约6800万字，占56%，后者约5900万字，占44%。《全书》汇集的知识是世界性的，重视国外科学成果的介绍，但在中外兼顾中适当侧重中国，为西方百科全书所忽视的有关第三世界的知识，也占有相当的比例。例如在《外国文学》卷中这一部分约占20%。有几个学科卷突破"西方中心论"的传统框框，给东方以应有的地位。

《全书》每个学科卷的涵盖比较齐全，都扼要地概述过去的知识和历史，又着重反映当代的最新知识和成就。《军事》卷全面介绍了古今中外的军事知识，尤其着重介绍第二次世界大战后出现的新的军事技术装备。它还突破其他军事百科全书的老套，创造性地设立了《军事思想》的条目用以统率全书。《民族》卷对当代我国的56个民族，从有11亿人口的汉族到只有1000多人的赫哲族都设立专条，对其形成、发展、分布，历史上的重大事件和重要人物，社会形态，婚、丧、嫁、娶等风俗民情以及语言文字等都分别加以叙述。在我国历史舞台上已消失的55个古代民族，如北方的肃慎、匈奴和南方的三苗、九寨等也都设立专条。对分布在世界各国的2000多个民族中的416个都分别作了介绍。

在美术领域里，举凡建筑、雕塑、绘画、工艺美术、书法、篆刻以及古今中外美术源流、社团、机构、重要事件、理论观点以及美术家及其创作活动等有关知识在《美术》卷都作了简明的介绍，其中关于亚、非、拉美的美术以及宗教美术等内容，在我国美术著作中是独一无二的。《力学》卷除传统的分支学科外，对近年崛起的新兴的电磁流体力学、等离子体动力学、爆炸力学、生物力学以及电子计算机出现后的计算力学等都有扼要的介绍。《力学》卷设有《中国古代力学知识》条目，对《墨经》和《考工记》中有关力学的知识，湖北出土的曾侯乙编钟的振动频率，宋代建造的应县木塔的结构，以及欧洲经典力学同中国力学知识的融合等都作了阐述。《力学》卷作为综合性的工具书，不仅我国过去未有，在当今世界也不多见。《土木工程》卷据前建设部总工程师许溶烈说："它比国际现有的同类书籍，在内容方面更广更深更全面，具有自己的特色和优点。"《地理学》卷据国家卫星遥感中心总工程师、学部委员陈述彭教授评论："其科学性、系统性与综合性，在世界上都是一流的，若干年内难有一本类似的书能超过它。"《环境科学》卷共收 672 个条目，721 幅插图，其内容比美苏同类辞书丰富，日本出版的同类书籍内容不及本书的一半。环境保护局局长曲格平同志说："它的出版和发行是环境保护的重大成果，对我国环境科学研究和环境保护事业将产生积极的影响。"前能源部总工程师潘家铮说："《水利》卷编撰质量是好的，有权威性，数据准确，选条恰当，文字流畅，读起来是一种享受。"

《全书》要求使用的资料都必须精确，一切事实和数据必须经过严格的核对。《全书》在编辑过程中基本做到这一点，还改正了一些其他辞书和出版物出现的错误，如有关徐霞客的生年记载的改正就是一例。《全书》使用的资料有不少是第一次发表的。《军事》卷中关于红军长征，红一、四方面军会合，红军北上和三大主力会师等条目，都有许多准确的第一手资料；对当代高、精、尖的武器，如电磁炮等都作了简要的介绍。航天航空是 20 世纪人类征服自然进程中最活跃、最有影响的科技领域之一，《航空航天》卷为我国读者提供了大量的资料和信息。《电子学与计算机》卷、《自动控制与系统工程》卷也是这样。《法学》卷关于沈阳、太原审判日本战犯的资料是国内第一次发表。国际经济法也是我国首先设立的分支学科。《戏曲》卷采用的山西出土金、元两朝代的戏曲文物照片也是首次发表。《全书》不少卷运用新发现的历史资料，如汉简、敦煌文书、吐鲁番文书以及房山石经题记，明清以来各地区、部门的档案材料等进一步丰富了《中国历史》等卷的内容。这是解放前中国史学界所未曾有过也不可能有的。

我国早有重视图的传统，《全书》非常重视插图，认为它是《全书》的重要组成部分。富有直观性的、形象化的插图能"济文字之穷"。《全书》强调插图要和条目的释文紧密结合。编辑条例规定每一页平均要有一幅图、表。这一规定基本做到。《全书》图表数一般比外国百科全书多，共有插图49 765幅，其中彩图15 103幅。《全书》有关我国的配图很有特色。如《中国历史》卷明代大运河上的戎克船，就采用当时日本来华名僧画家雪舟的绘画，而雪舟是以用写真方式描绘明代中国山水著名的。许多历史的配图尽量采用较早的图画，如孔子像用宋代马远所作，屈原像用明代朱约佶所作，给人以渊源有自的观感。《化学》卷的"焰色反应"是在实验室现场于秒间拍摄的。

《全书》的出版是近百个部委、院、校和科研机构同出版社编辑部长期协作的成果。中共中央和国务院1978年曾批示各省市、各部委："编辑出版《中国大百科全书》是发展我国科学文化事业的一项基本建设，对传播马列主义、毛泽东思想，全面系统地介绍古今中外文化科学知识，提高整个中华民族的科学文化水平，实现我国的四个现代化，具有重要意义，请给予积极支持和协助。"批示下达后，各部、委、院积极响应，大多向所属单位发出通知，并由一位领导挂帅，把编写《全书》的有关学科卷列入工作日程，给予有力的支持。军事科学院为编写《军事》卷，其动员之广、要求之严、投入之多是出版社本身望尘莫及的。《全书》许多学科卷已成为国内各该学科的规范化出版物和有关人员必备的参考书。《全书》推动了学术名词的统一，它使用的大量术语成为我国的标准术语。许多读者来信说，《全书》为他们释疑解惑，并成为他们自学的阶梯。上海静安区的调查证明了《全书》成了中学教师教学和辅导的不可少的读物。对出版社本身来说，《全书》的编辑出版不仅出资料，而且出人才。多年来的工作已培养了一批熟悉百科编纂业务的专家（其中不少在社外工作）和印刷、校对、发行的专门人才，成为今后编写《全书》第二版和专业百科全书、地区百科全书的骨干。

五项基本要求

《全书》是我国第一部大型百科全书，是在毫无经验的情况下开始编纂的。我们曾在编辑工作规程方面参考了美、苏百科全书的经验，但在编辑工作的主体方面，完全根据我国的方针政策、实际情况和客观需要来确定。经过多年的摸索，《全书》的编辑工作除上述要求做到精、新和实用外，还对内容、文风、与专家学者的关系以及检索手段等方面提出五项基本要求，使《全书》有它自己的特色。

（一）为社会主义现代化服务

这是《全书》的历史职责。世界上任何重要的百科全书都有它自己的历史任务。《中国大百科全书》是为中国的改革开放和社会主义现代化建设服务的，它是建设有中国特色社会主义的理论的产物。

《全书》的主要任务是在马克思主义指导下，为参加或准备参加现代化建设的人们比较全面系统地提供各种基本知识，包括同实现现代化没有直接联系的基础理论知识，并推动他们尊重知识、学习知识、掌握知识，以提高他们的科学、文化、政治、道德素质，从而为社会主义现代化提供智力支持。在自然科学和工程技术的各个学科卷中，考虑到当代的科学技术正以空前的规模和速度应用于生产，《全书》着重对有关高分子合成、原子能、电子计算机、半导体、宇航、激光等基本知识作了比较系统的介绍，以提高工程技术人员和劳动者的科技水平，并由此而提高劳动生产率。同样在社会科学方面，通过各种基本知识的传播，坚持解放思想、实事求是，帮助读者消除"左"的和"右"的，以及落后的传统观念和主观偏见的影响。

《全书》开始编纂时，邓小平同志在具有重要历史意义的理论工作务虚会上强调：实现四个现代化必须坚持四项基本原则。他要求思想理论工作者根据新的丰富的事实对此作出新的有充分说服力的论证。《全书》在阐述各种知识的过程中力求做到这一点。小平同志在上述讲话中提到法学、社会学和政治学要"补课"，这是一项艰巨的任务。《全书》编辑部与法学、社会学和政治学的学者密切合作，首次出版了这3个学科卷，基本上完成了这个任务。其中《法学》卷发行50多万册，适应了普及社会主义法制教育的需要。《全书》把辩证唯物主义和历史唯物主义尽可能贯通于广大的知识领域，并阐述有关知识如何指导人们的实践，指导生产和科学的发展，指导社会的进步。《全书》的《哲学》卷把马克思主义、列宁主义、毛泽东思想作为重要的知识主题，作了系统的全面的阐述。其他如《军事》《经济学》《政治学》《中国历史》和《外国历史》各卷也分别从各个侧面加以阐述。《全书》在编写工作中，力求摆脱僵化的思想模式和教条主义的理论模式的影响，并且力求不出政治性的错误。

（二）实事求是

实事求是是百科全书的精髓。胡乔木同志对《全书》的条目释文提过这样的要求："有关中国方面的内容应当力求准确、公允、可信；外国方面的内容要力求不出错误。"据此在编辑工作中坚持实事求是，力争符合上述的要求。《全书》的编写基本未受主观偏见和各种条条框框的限制，不戴"革命"的帽子，力求做到尊重客观的历史事实，合乎实际，恰如其分。《全书》条目的释文和语气比较客观，不使用宣传性、颂扬性的词句和"伟大的""英明的""卓越的"等形容词。条目的释文既不同于文件，也不同于报刊文章，更不是一般的宣传品，尽力避免论断色彩和宣传腔调，并保持它的客观性和稳定性。我们对历史人物的态度，如《军事》卷对林彪、《哲学》卷对陈独秀、《中国文学》卷对胡适等都是客观和公允的。总编委会突破旧框框，主张让活人上书，我们对上书的在世人物也同样采取客观公正的态度。

（三）侧重中国

世界许多著名的百科全书虽也提供有关中国的知识，但数量有限，有的还夹带偏见。介绍有关中国悠久的历史、丰富的文化遗产、解放后举世瞩目的巨大成就以及其他各个方面的基本知识，只有中国自己是权威的。《全书》不仅要满足本国读者的要求，而且作为一部有代表性的百科全书，它有义务向世界介绍中国，让世界了解中国，以有利于中外的交流。

《全书》有 8 卷分别介绍中国的历史、地理、文学、戏曲和传统医学，与此相对应，还有 5 卷专门介绍外国的文学、历史和地理。其他各卷，中外比例不尽相同，但有关我国的内容都占较大比重，如《经济学》卷对中国的原始社会、奴隶社会、封建社会、半殖民地半封建经济、从资本主义到社会主义的过渡，以及中国经济思想史包括 32 种重要的经典著作和一二百位著名经济学家都作了相当充分的介绍。《全书》对我国古代科学技术的辉煌成就都着重叙述，如《航空航天》卷有关古代火箭、飞行技艺、鲁班制作木鸟等条目；《化学》卷关于阴阳五行学说、炼丹术、《周易参同契》以及火药等条目；《物理学》卷关于指南针、《考工记》《墨经》《淮南子》以及古代、近代物理知识等条目都是进行爱国主义教育的教材。《全书》对台湾、港澳和华侨、华人的重要人物和事迹也很重视，王赣骏 1985 年 4 月乘"挑战者"号航天飞机进入太空，同年 9 月出版的《航空航天》卷就介绍了他的事迹。有关杨振宁、李政道、丁肇中、李远哲的条目，为慎重起见，都请他们亲自校阅、增补。《海洋科学》卷有一个条目是介绍台湾海洋科学家马廷英教授的。马教授的生卒年,据台湾《环华百科全书》资料分别是1902年和1980年,但《中国建设》则说卒于1979年。我们为求准确,先后10次分别询问马教授的同事、海洋局和他家乡的政协,都没有结果,最后是通过马教授的学生,在比利时的钱宪和博士亲自到台湾询问了马教授的大公子和亲属后,才确定马教授的生年是1899年,卒年是1979年。

(四)集体把关

各国的百科全书大都约请专家、学者撰稿,《全书》和它们不同之处是以编委会的形式把专家们组织起来。《全书》的指导思想、编辑方针、规模、进度等是由总编委会确定的。《全书》各学科卷的编辑工作是由66个学科编委会在出版社编辑部协助下进行的。各卷从筹备酝酿、制订框架到终审定稿的全过程,都在学科编委会主持下完成,每个重要环节都经过反复商讨,有时甚至是激烈争论才作出决定。几乎没有一个条目是未经修改一次定稿的。《法学》卷主编张友渔同志说:"全卷编撰队伍是一支整体的力量。编委会要求对全卷书稿集体负责把关……。审稿会实际上是学术讨论会,只有在社会主义中国才能具备这样优越的编撰百科全书的条件。"《中国文学》卷编委会副主任王瑶教授说:"这一文化工程确实是集体智慧的产物。"在编写过程中还发生跨学科交叉矛盾的问题,钱学森同志在为《军事》卷撰写《导弹》条目过程中,就不止一次和《航空航天》卷的有关专家开会商量,以免重复。

(五)制订完整的检索系统

百科全书是一座知识库,《全书》设计了一套科学的检索方法,为读者提供进库的钥匙。检索方法是否完善是判断一部百科全书的质量标准之一。《全书》为便于读者检索,除条目按汉语拼音字母顺序排列外，还设计有条目分类目录、彩图目录、条目汉字笔画索引、条目外文索引、内容索引（包括隐含主题）、外国人名译名对照表、大事年表，条目内还设参见和参考书目。"参见"的充分利用是《全书》的一个特色，扩大了条目之间的横向联系。各检索手段相互密切配合，为读者提供索取本书知识资料的条件。以"殷墟""北京人"的知识主题为例，《考古学》卷卷首的概观性论文，从考古学发展历史中点到这两个主题；其次，有关条目对其发现、发掘经过又作了综述，对与此有关的考古学家作专条介绍；条目释文中还设有参见，在大事年表中记载了历次发掘的、有关论文著作发表的及中外学者先后交流的时间，分别叙述，有条不紊。如果读者想进一步了解，还可以根据条目所附的参考书目进一步研究。《全书》的检索系统不仅便于读者迅速检索查阅，还为后出的辞书提供了可参照的范例。

质量是《全书》立命之本

事物总是一分为二的，我们充分肯定《全书》取得的成就，这是主要方面，同时还要指出编辑工作中存在的缺陷。总结经验，是为了在如何保证质量问题上取得共识，以便编好第二版。

质量是全书立命之本。总编委会在给中央的报告中说："大百科全书事关国家科学文化水平和政治荣誉。"因此保证《全书》质量，使它不愧为代表国家水平的辞书，是编辑部头等重要的事。编辑工作的关键是抓质量、促质量、保质量，至于规模、进度以及别的什么得失都是第二位的。

决定《全书》质量的，主要是如下三个方面：一是在学科分类基础上制定的总体设计；二是在科学方法的指导下，以条目的形式，对已有和正在发展的各种科学文化知识进行归纳和系统化，并加以阐释；三是在严格的编审制度下，做到观点正确、文字简明、图文并茂、资料精确、检索方便。第一项要取得专家帮助，而总其成的是总编委会和编辑部。第二项主要靠社外专家，但专家不承担职业编辑的工作，他的稿件都要经过编辑的加工，包括条目释文的规范化和资料的核查统一。第三项实际就是贯彻执行出版社本身拟定的编辑体例。因此这三项工作都和编辑部本身密切相关。《全书》的质量既要靠专家、学者提供的稿件，又要靠编辑部自身的加工工作来保证。

《全书》第一版总的说来是好的，大多数学科卷的质量都比较高，其中有些堪称优等，属世界一流水平。编辑部的同志都很辛苦，都有不同程度的贡献。但从编辑工作整体来说，依照上述三项标准来检查，还存在两个主要缺陷：其一是缺乏一个完整的以学科分类为核心的总体设计。不论是按字母顺序混编成书的，还是分科分卷出版的，学科分类对总体设计都有重要的直接的意义。

在出版社成立初期，总编委会还没有组成，《全书》编辑部曾讨论过总体设计的问题，但没有形成统一的意见。由于缺乏经验，对总体设计的重要性认识不足，也由于时代的紧迫感和早日出书的愿望，编辑部把主要力量放在具体的工作上，以致总体设计一直悬而未决。缺乏以学科分类为基础的总体设计，如多年来的实践所证明，一是导致了《全书》立卷参差不齐，如《生物学》卷（包括动物学、植物学、微生物学、古生物学等）、《哲学》卷（包括逻辑学、美学、伦理学等）与《纺织》卷、《文物 博物馆》卷并列，大小和层次迥异。二是综合百科和专科百科混淆，有一些卷偏专偏深，而且设卷偏滥。三是内容交叉重复过多。本来分学科分卷出版已难免重复，加之缺乏总体设计就变得更难控制。四是导致设卷的随意性，从而引起编辑过程的不稳定性。从 1978 年到 1985 年整改之前，《全书》的卷数前后有过 7 种不同规定，就在《天文学》卷《前言》发表之后，又打算从 80 卷减为 70 或 75 卷。这表明了因缺乏总体设计而引起的失控。

另一个缺陷是相当一部分卷未能贯彻执行编辑体例，编辑部把关不严，而且缺乏统一标准。编辑体例对一部大型的辞书，正如技术操作规程对一座大厦的施工一样是必须贯彻执行的。《全书》有些卷执行得很好，有些则执行不力。比如，有的卷没有概观性文章，有的卷没有参考书目，有更多的卷没有大事年表。更重要的是条目有重要缺漏或重复，该设条的未设，已设条的又交叉重叠。有的条目释文不规范，有的插图没有作必要的说明或张冠李戴，还有个别卷上书的人物过多过滥，甚至还有溢美之词，这也不符合原定标准。至于各卷列举的事实、人名、地名有些互相矛盾，参见、索引出现差错等技术性的错误也不少见。未能严格执行体例，就影响了《全书》应有的统一性和规范化。这和多卷齐头并进，未能统一编审有关。体例规定每卷的字数为 120 万～ 150 万字，但执行结果，120 万字的只有 2 卷，150 万的只有 8 卷，其余 63 卷都超过了规定，这也表明了编辑工作的失控。

编辑体例没有被严格贯彻执行，固然和有关同志的业务水平、编辑经验和工作态度有关，但应探索深层次的客观原因。1982 年全社编辑干部约 200 人，有 52 个学科卷同时开展工作，按规定都应在 1989 年出齐，当时社内还担负《简明不列颠百科全书》《百科年鉴》《苏联百科词典》《百科知识》月刊和知识社的编译任务，赶进度成为编辑部的普遍现象。当时社领导阎明复同志就曾对这种赶进度，"村村冒烟""各自为战"的现象提出批评。编纂大型辞书不是短期行为，有些重要条目需要精雕细刻，质量与进度有时是互相矛盾的。《全书》靠社外专家撰稿，还要受其他各种因素的制约，主动性比较少，困难也较大，因而对进度的要求应符合客观的实际。总之，对编辑《全书》的艰巨性、复杂性和长期性要有足够的估计，否则就是编辑人员疲于奔命，质量和进度还是难以保证。

1986 年秋，新成立的社委会根据总编委会的要求，第一次提出为保证《全书》质量，必须改变原定在建社十周年，即 1989 年左右出齐80 卷的计划。但长期形成的局面一时难于扭转。1987 年 2 月，胡乔木同志在给中央的报告中说："我不得不坚决否定了1989年全部出齐，即每年必须安排十几卷的计划，要求放慢速度，进一步压缩卷数，全力保证质量，以免影响国家声誉。"中央同意他的意见。事实上，到1987年2月，《全书》只出版了20卷，其余60卷按原定计划要在3年内出齐，一年的工作量等于过去9年的总和，不管是编辑部还是印刷厂都不可能办到。社委会坚决执行总编委会的决定，集中力量进行改革。首先是压缩卷数，从80卷减为70卷，出齐时间则推迟4年，延到1993年。但是要扭转多年来形成的局面，在社内外都遇到很大的阻力，许多政府部门和科研机构早已接受委托动手编写，有的已写了几年，有的已将近完成，基本上木已成舟，以至卷数后来不得不个别再作调整。这次改革终于把保证质量提上日程，对《全书》的后期工作以及第二版的筹备工作有重大的意义。

经过15年的辛勤劳动，现在《全书》终于出齐了。我们的祖国第一次有她自己的百科全书，这实在是来之不易的，是值得庆贺的。我国语言学专家吕叔湘同志曾提到辞书工作的辛苦和愉悦，称它为"不朽的事业"。钱学森同志说编写《全书》是"伟大的事业"。不朽与伟大是我们奋斗的目标，但《全书》的出版肯定是中国学术界的一项重大成果。当然这首先应归功于上级的关怀和全国两万多位专家学者的辛勤劳动。这是《全书》能编成的决定性因素。《全书》是中国学者和编辑部同志献给我们伟大祖国的一份宝贵的厚礼，它已经并将继续为我国实现社会主义现代化建设作出贡献。

1993 年 9 月

关于《中国大百科全书》第二版编辑工作几个重要问题的设想[1]

编辑《中国大百科全书》是我社的骨干工程。现在第一版已出齐，我社应着手考虑、安排第二版的编辑工作。在目前迅猛发展的大好形势下，我们应解放思想，抓住机遇，不失时机地把编辑、出版第二版的工作，进一步提高第二版质量和壮大我社事业（包括干部队伍）紧密结合起来。

下面是有关第二版编辑工作中几个重要问题的初步设想。

关于是否继续设立总编委会的问题

在 70 年代草创时期，设立总编委会是必要的，它造成了重视大百科的声势，从而推动和团结全国专家、学者参加大百科的编写工作。但总编委会因参加的人数多，编委代表的学科多，又没有常设机构主持日常工作，实际很难运作。总编委会过去只就与百科全书有关的重要学术问题分别与有关总编委们商讨过，从未开过一次全体会，一些重要问题都由总编委会主任负责解决或向中央请示。考虑到总编委会对重要编辑方针难以分别进行深入的、系统的讨论，也难以协调解决在编写过程中出现的各学科间存在的相互交叉重叠和分歧；又考虑到一版总编委会的成员都是老年人，其中三分之一已去世，现在能坚持工作的已不多，而

〔1〕本文曾于1994年3月22日经中国大百科全书出版社社党组讨论通过，后刊载于《探讨》1994年第1期。

增加中青年的专家学者，则难以遴选，容易顾此失彼，因此建议第二版不设总编委会，改设顾问团，聘请若干位（人数不宜多）如钱学森同志那样的权威科学家为顾问（可以包括知名的华裔学者），以审核全书的框架和个别重要条目。至于编写过程中某些学科如出现难题，可分别邀请有关专家讨论商议。类似第一版各学科卷成立的以研讨本学科编撰业务的分编委会，必要时可以设立。

如果撤销总编委会，过去由总编委会主任胡乔木同志负责解决的一些重大的编辑业务问题，今后将由出版社向上级指定的单位请示。

关于第二版的编辑方针

在第一版《前言》中所阐述的以及由出版社规定的 12 条方针，总的说来是正确的，仍应执行，但须作如下的修改和补充。

（一）首先要拟定第二版的总体设计

为确保第二版的质量，在着手编写之前应在学科分类基础上制订全书的总体设计。这是一项高难度的工作。百科全书只有科学地解决学科分类，对科学知识进行百科全书式的概括，才能把它所要收入的知识纳入它的内部体系中，才能形成它的总体设计。我们缺乏制订总体设计的经验，但有因缺乏总体设计而遭受的严酷的教训。这些教训对我们做好总体设计是有益的。我们还要对国外主要百科全书过去的和现在的总体设计（具体体现在它们的框架上）进行比较研究；对国内重要辞书，如《现代汉语词典》《辞海》的重要经验也要借鉴。在有了初步的总体设计后要向第二版顾问和国内权威专家请教，要一再修改，力求完善，然后报请上级审批。这里有一点要说明的，就是总体设计与框架确定后，在实践过程中既不能随意变动，但也不应是僵硬的框框。在编辑过程中，应允许随着客观情况的变化和编辑工作的需要作适当的改变和调整。

　　科学分类是总体设计的基础，它对第二版的编撰工作具有非常重要的、直接的意义。科学分类问题从亚里士多德开始，到黑格尔、圣西门、培根都一直存在争论。现在已进入"知识爆炸"时代，时刻产生数量惊人的知识和信息，使分类问题更加复杂化。对这个问题，我们在制订总体设计时应坚持辩证的态度。科学分类不能是脱离实际的、一成不变的呆板公式，而应当像恩格斯所说的，必然是随着全部科学知识的发展而处于不断的运动和发展中，处于相互分解、综合、渗透中。科技的发展已打破了过去学科各自分立的状态，出现了自然科学、工程技术和社会科学日趋结合的趋势，正如李政道所说科学和艺术是一枚硬币的两面。在制订总体设计时，我们不要受一百多年来把理论与应用分开的思想的影响，要着眼未来，既要承认各学科有相对的独立性，又要肯定它们之间日益紧密的联系。第二版对科学技术是第一生产力，对各学科的相互渗透，对科技特别是电子技术、计算机技术和通信技术的迅猛发展和高度融合，给科学和人类生活、工作、娱乐等社会生活方式带来的深刻影响等等，一定要采取科学的、自觉的，更积极的态度。

（二）要明确读者对象

　　第一版《前言》提出"以高中以上、相当于大学文化程度的广大读者为对象"。"高中以上"和"相当于大学文化程度"两者并没有多大区别。第二版宁可就低不就高，只提"以高中以上文化程度的广大读者为对象"。这一方针一定要坚持，防止内容偏高偏深。第二版主要是提供基本知识，决不与专业百科混淆。江泽民同志在我社15周年庆祝会上说，"非常需要的就是在碰到问题时，想翻一本能够查考的，又能说出个究竟的书"，二版应当是这样的书。

　　请考虑是否提出"第二版进入家庭"的口号。我们正争取提前三年进入小康社会，在下世纪初，社会购买力还将相应提高，进入家庭这个口号是有实际意义的，而且和以高中以上文化程度的读者为对象是一致的。

（三）要改变两大部类的比例

第一版自然科学所占比重大于社会科学，第二版是否把比重倒过来？这是因为自然科学的基础科学、技术科学的理论知识比较稳定，而日新月异的工程技术知识大多属于专业百科所收内容。还有一点，自然科学是没有国界的，而社会科学属于意识形态范围，虽有共同的一面，但和各国的实际联系紧密。它对社会和人们的思想、实践、生活，甚至对整个世界有直接的、广泛而迅速的影响。它的知识错综复杂，从思维到实践，从远古到今天（甚至到明天），从东方到西方，读者经常有许许多多的疑问要求得到解答。世界上许多著名百科全书都是社会科学占有较大的比重。在最近召开的全国宣传思想工作会议上，江泽民同志曾说："要努力学习理论，学习一点社会主义市场经济和科学文化知识，学习一点文学史、音乐史、美术史，了解中国文化和世界文化发展的梗概。"这些都是属于社会科学的知识，都是我们的二版应当提供的。

（四）要确定第二版编辑工作的重点

第二版和第一版一样都是在马克思主义指导下，为中国的改革开放和社会主义现代化建设服务的。它是建设有中国特色的社会主义理论的产物。第二版的编写工作要抓两个重点：一是要阐明具有中国特色的社会主义的理论和建设成果；二是要显示90年代世界科技的最新成就和发展趋势。这是面向现代化，面向未来，面向世界的具体体现。抓重点是为了促质量。现在国内百科全书汗牛充栋，第二版必须强调质量，保证质量。我们要有雄心壮志，把第二版编成为在21世纪初出版的、有中国特色的、与我国地位相称的和代表国家学术水平的新一代的中国大百科全书。

（五）要充分利用一版成果

第一版许多学科卷凝聚着我国一批权威专家学者的研究成果，是我国宝贵的财富。其中如《哲学》《语言文字》《中国历史》《军事》和《传统医学》等卷的条目，大部分或一部分可以照样用于第二版，这一部分估计可占第二版的30%；另一部分基本可用，但因资料过时或其他原因须加增改，估计约占40%至50%；第二版新设的条目可能占全书的20%至30%。我社新编的12卷本的《中国大百科全书（简明版）》和《简明中华百科全书》《中国大百科全书（青少年版）》，以及材料、能源、信息等百科全书的条目，凡可用的也都要采用。采用的大条目可分割，小条目要综合。

第一版有些卷的条目释文偏专偏深，有的大段抄引古文，有的行文敷衍铺陈，采用时应尽可能使之通俗、简单、易懂，或对引文附加解释。许多专家、学者不熟悉百科全书体例，把写条目和写文章混同。编辑部的同志要苦练内功，在来稿的编辑加工方面下功夫，使条目释文精粹简洁，要尽量做到像列宁对百科全书的要求那样，成为"最高的马克思主义——最高的通俗、简单、明了"。

（六）要精撰条目，图文并茂

要严格按编辑条例写好每一个条目。要简明、有层次，与别的有关条目要互相照应，要重视条目之间的参见，条目作者要署名，重要条目要附参考书目。要精选插图。第一版有图表49 765幅，其中彩图约占1/3。平均每一条半条目就有一幅图，其中部分可用，另要增加新图。插图不要凑数，以免浪费篇幅，增加成本。第二版的插图要真正起"济文字之穷"的作用，要精、要新、要注明出处，要随文（这就要采用新的印刷技术）。估计第二版图表将占总篇幅的1/4。

（七）要压缩卷数和字数

第二版要紧缩篇幅，拟出30卷，其中有一卷是索引。每卷约150万字，去掉索引和插图，实际总字数在3300万左右。国外一些著名的百科全书的卷数都在逐渐减少，近年一般都在 30 卷左右，这和乔木同志 1987 年给中央报告中原来预期的数字是一致的。

第一版不仅卷数超过计划，各卷字数绝大多数也都超过原定的 150 万字。第二版要严格把关。要坚决把马克思所说的百科全书的"废料"（这是指他所批评的美、德百科全书中塞进的许多过时的、多余的和错误的条目）清除出去。这也是保证质量的要求之一。

第一版有三种版本，加上普及本共四种，给印制、发行增加了很大的工作量。建议第二版只出一种版本，必要时可另出用以馈赠和在国外销售的豪华版。

为充分利用第二版资料，在二版出版后，可按几个主要学科分别编成综合卷陆续出版。

（八）要加强资料工作，完善工作制度

编辑大型辞书不重视资料和编辑制度，就谈不到保证质量。第一版的资料是各卷各搞各的，第二版要与数据库合作，加强资料的搜集、存储、使用管理的工作。要修改原定的编辑工作体例，建立严格的工作秩序。马克思和恩格斯在相互通信中，曾批评过《美国新百科全书》缺乏辞书应有的编辑制度所带来的不良后果，这应引起我们的重视。制度不严，既降低效率，还影响质量。

关于第二版的进度

第一版已为第二版提供了许多有利的条件，但第二版编辑工作的难度绝不比第一版小。首先是综合编辑，即条目按汉语拼音顺序统编，这比分卷编辑费事。这方面我们还只有 10 卷本简编的初步经验。其次是由国内外形势迅速变化和科技发展引起的知识更新，使第一版的大部分条目必须增补修改，少部分条目则要重新撰写。还有一个难点，我们熟

悉的第一版分卷编撰的经验，有些可能与执行新的任务发生抵触，要改过来不很容易。二版要加强社内的编辑力量，有一部分条目要自己撰写。现在学术界的重要人物的活动比 70 年代繁忙得多，不可能像第一版时那样为第二版撰稿。我们既要充分认识在 21 世纪出版第二版的重大意义，力争按期完成，又要牢记过去的教训，对全书编写工作的艰巨性、复杂性和长期性要有足够的认识。

第二版的编辑工作要经历四个阶段：一是筹备阶段，主要是搭班子，搞调研，定制度和拟框架，其中拟定全书总体设计也就是拟框架的任务，最为繁重；二是编写阶段，按框架要求编写全部条目，基本做到齐、清、定；三是统编成书阶段；四是排印出版阶段。四个阶段虽有连续性，但各有本身的任务，其机构、编制、经费将根据实际需要而增减。

关于四个阶段的期限，初步设想是筹备阶段两年，即 1994 年至 1995 年，由于这一工作难度较大，现在还不是心中有数，而且 1994 年时间已经过去了三分之一，人员还未到位，看来还要延长，其他阶段期限照此顺延。编写阶段与统编阶段预定为三年，其中一半时间用以编写，一半用以统编。条目目录确定后，约请专家、学者撰稿，估计一年的时间就足够了。统编时间为一年半，余下的时间可以根据当时的发展情况对已撰写的条目的事实和数字作必要的增改。按三年计算，平均每个月约须处理 100 万字，这确实是一个繁重的任务。但如延长编纂时间，有一部分条目的资料就可能过时。最后是印刷发行阶段，预计两年，平均两月印三卷，按现有能力这是可以办到的。如因制订总体设计和编辑工作延期，第二版延到下世纪初出版，也是迎接新世纪的一份厚礼。

《中国大百科全书》第二版是一项大任务和硬任务，按照本社目前的情况，要争取在下世纪初来完成这一任务，其困难是可想而知的。我们要知难而进，要敢冒一点风险，不要四平八稳。可能有的同志认为这些设想不是从实际出发，不够实事求是。这一点请社委会和上级考虑。我们在总结第一版工作时就深感对编写《全书》工作的艰巨性、复杂性和长期性要有足够的认识。

根据中央最近规定的抓住机遇、深入改革、扩大开放、促进发展、保持稳定的 20 字方针和今年宣传工作纲要提出的要振奋精神、扎实工作的指示，我们必须解放思想，更新观念，敢拼敢闯，抓住二版这个难得的历史机遇，最大限度地用足、用活、用好政策，在八九年内打一个翻身仗。在事业方面，要设法靠百科的社会地位取得各方面的资助与合作，例如成立基金会，改事业为企业。在编辑工作方面，要解放思想，去掉老框框，充分调动全体同志的主观能动性，不要惧怕困难，要有革命的、自觉的精神状态，把困难变成机遇，从而开创我社的新局面。近年，我社的许多同志就是这样坚持和开展工作的。第二版的"瓶颈"主要是干部的业务素质。要大胆使用和提拔中、青年业务干部，让他们在实践中提高，要有一个切实可行的干部培养计划，缺门的干部则要设法调进。还有待遇问题，要把中央要求"保持稳定"的任务和业务结合起来。社内干部队伍要稳定，首先要靠干部本人因自身不断进步，作出贡献而热爱工作，再苦再累也心甘；当然还要加强思想工作和适当提高待遇。第二版工作决不只是二版编辑部的事，而是整个大百科出版社的事，为此要明确规定二版编辑部与社内其他各部、处的关系。多年来我们因处理退、改稿，赠、购书和稿费问题不及时，为第一版撰稿的专家、学者意见不小，社的名誉不好。建议第二版要提高稿酬标准，并且要做到一手交稿一手付酬。过去稿酬不高，而且有的甚至拖到三五年甚至七八年后才支付，这是不尊重作者和不符合市场经济的要求的，应切实改正。

上述只是一些初步设想，供社委会讨论参考。

1994 年 3 月 13 日

再谈《中国大百科全书》第二版编辑工作的几个重要问题[1]

　　去年我写了《关于〈中国大百科全书〉第二版编辑工作几个重要问题的设想》，对《中国大百科全书》第二版（以下简称二版）的规模、进度、方针和是否设立总编委会等问题，谈了我的一些想法。现在筹备二版的编辑部已经成立，他们做了大量的调查研究工作，对二版的总体规划和学科分类进行了广泛的探讨，先后发表了几十篇论文，其中有几篇是很费心血的力作，这些对二版的筹备工作都很有帮助。随着讨论的逐步深入，我把上次文章中没有着重谈的几个重要问题的意见写出来，供大家讨论时参考。

"百科全书思想"

　　百科全书是知识的总汇，是一部把各门学科的知识加以概括、归纳并使之普及化的辞书。怎样编好一部百科全书，不仅是编辑业务的问题，还需要从哲学上、历史上进一步加以思考。

　　有人喜欢把《永乐大典》《古今图书集成》等称为中国的百科全书。其实类书就是类书，不要和百科全书相提并论。近代的百科全书是18世纪在西欧出现的，当时多数学科已取得科学的形式，并且开始和哲学（主要是指唯物主义，它是科学发展的产物）以及社会运动结合起来。恩格斯在他早期发表的《英国情况·18世纪》的论文中阐述

---

〔1〕本文原载于《探讨》1995年第9期。

了有关的情况，并提出了"百科全书思想"的论断。他说"百科全书是18世纪的特征"，"18世纪以前，根本没有科学，对自然的认识只是在18世纪（某些部门或者早几年）才取得科学的形式。……无数杂乱的认识资料得到清理，它们有了头绪，有了分类，彼此间有了因果关系，知识变成了科学，各门学科都接近于完成，即一方面和哲学，另一方面和实践结合起来。……科学和哲学相结合的结果就是唯物主义（牛顿的学说和洛克的学说同样是唯物主义所依赖的前提）、启蒙时代和法国政治革命，科学和实践结合的结果就是英国的社会革命"（见1972年版《马克思、恩格斯全集》第一卷656页、667页）。恩格斯提出的"百科全书思想"的根据是所有学科（按恩格斯的原意是指自然科学，但他也提到历史科学）都是在18世纪取得科学的形式的，都是互相联系着的，都是和哲学以及实践结合起来的。"百科全书思想"就是一方面要有把已有的和正在迅速发展的科学知识进行归纳和系统化的愿望，另一方面又要有把科学运动和哲学、时代思潮，在18世纪也就是和唯物主义以及英国的社会革命和法国的资产阶级革命结合起来的要求。这两方面是统一的，缺一不可的。按照"百科全书思想"的原则，百科全书不仅是知识的概括和归纳，还要和哲学以及社会实践相结合，既提供知识又结合实践，这两者是一个统一体。

法国《百科全书》（1751～1772）是世界百科全书的先驱，曾得到马克思和恩格斯的高度赞誉。它的两个主编之一的狄德罗，在为该书撰写"百科全书"这一条目时写道："我们深知编写这样一部百科全书，这样的事业只能产生于一个富有哲学精神的时代"，"它需要一种巨大的思想武器"，"我们感到自己心里正酝酿一种行动的愿望，它使我们为达到目的而不惜作出牺牲"（见梁从诚译本《丹妮·狄德罗的百科全书》160页）。为了反对腐朽的封建专制制度，他不顾长期迫害，使他主编的《百科全书》成为法国启蒙运动的先锋。它所宣扬的唯物主义（按严格说来是机械唯物主义）成为当年法国一切有素养的青年的宇宙观。它为法国资产阶级革命作了思想准备，成了 18 世纪资产阶级革命的思想旗帜。

　　但是由于国情和编者立场的差异，和法国《百科全书》同时代出版的英、德两国百科全书则成为资产阶级的旗帜。也是在 18 世纪，不过时间稍后一些，英国出版了另一部百科全书，即《不列颠百科全书》（1768～1771），德国出版了《布罗克豪斯百科全书》（1790～1808）。这些都是在产业革命时期出版的，都宣传资产阶级的观点，并都强调学术独立，以资料丰富著称。《不列颠百科全书》在产业革命时期得到壮大和发展，增加了科学技术和新出现的哲学和经济的知识，带有温和的自由主义的色彩。但当英国资产阶级从 19 世纪末进入垄断阶段之后，它越来越倾向于保守，开始反对唯物主义和无神论思想，反对法国《百科全书》的影响。1943 年它被美国收买，扩大了规模，强调学术性和所谓"客观""公正"，声誉很高，以致我们中有人竟说"直到现在它仍是世界上最有权威的百科工具书"。应该给予这样高的评价吗？有必要剥开它的伪装。以在我国出版的它的《简编》为例：在以非洲为条头的 30 个条目中有非洲 1 条，虎、蛇、鼠、猪等动物 16 条，植物 1 条，人种、文学、语言各 1 条，工会组织和银行各 2 条，宗教组织 4 条，非洲人国民大会 1 条，而非洲人国民大会这条的篇幅和介绍猿的差不多。几百年来欧洲各个殖民主义国家对非洲的侵略、吞并和掠夺，对非洲人的屠杀、奴役、贩卖以及敲骨吸髓的剥削，都一概不提，这就是它所标榜的所谓客观和真实。另一部美国百科全书《大美百科全书》的编者赖倍尔，在该书的《前言》中说："我的愿望不是强加观点，而是提供事实。"有人对这句话很欣赏，认为百科全书就应不偏不倚，以保持它的学术性和独立性。可是世上果真有不体现编者观点、不以他们的哲学和实践为基础的百科全书吗？上面提到的《简编》有关非洲的 30 个条目，难道不是依照《简编》编者的观点筛选出来的吗？为什么竟公然声称不强加观点呢？显然那观点是见不得人的，是说不出口的。

世界上没有一部百科全书不反映一定的阶级利益。我们耻于掩盖自己的观点。我们一开始就公开宣称：《中国大百科全书》以马克思列宁主义、毛泽东思想为指导思想。有了这样的指导思想，我们就和狄德罗一样，有了巨大的思想武器。我们在编写二版时就能解放思想，实事求是，就能紧密结合科学发展和社会实践，并且做到真实、客观和公正，就能符合恩格斯的"百科全书思想"所提出的要求。编二版的人一定要牢记这一点，这是《中国大百科全书》的根本特色。我们不仅要理直气壮地表明这一点，而且要真心实意地贯彻这一点。马克思列宁主义、毛泽东思想以及邓小平关于建设有中国特色社会主义的理论是《中国大百科全书》第二版的灵魂。

学科分类

几个月来同志们热烈讨论了有关二版的总体设计和学科分类的问题，不少同志回顾了一版的历史过程和经验教训。不总结一版的工作就编不好二版。总结总要研究正反两个方面。同志们在讨论时不必顾虑，我们对事不对人。胡乔木是强调总体设计，坚决反对"三不变"的，这在他 1986 年给中央的报告中说得很清楚。他认为最好只出 30 个学科卷，其他已出版的都改为专业百科全书。全书不强求 10 年出齐，一定要保证质量。但木已成舟，他的方案未能实现。我来大百科之后，只能在原来的基础上压缩了 9 卷，新增了 2 卷，并把出书时间推迟了 4 年。至于《科学社会主义》卷本来列入一版，因有别的原因撤下来，但该卷后来还是由知识社出版了。孙关龙和于瑞玺两位在《探讨》第 58 期对一版总体设计的评论，我看是符合实际的。

二版的筹备工作首先是制订它的框架，这是总体设计的核心，而学科分类则是框架的基础。一般说来，百科全书是全部科学知识的综合和归纳，是对科学知识进行系统整理和概括的一种具体形式。二版对收入的条目要按字母的顺序加以排列，就不能没有严格的内部体系，而为了保证这个体系的完整、准确和均衡，并反映学科发展的趋势，避免重复或缺漏，就需要对构成知识的各个学科进行分类。研究学科分类不是我们的任务，那是科学学的事。但确定一种分类法，是发展和提高百科全书水平的需要，是制订全书框架的先决条件。我建议现在仍在进行的对各种学科分类的讨论还要继续下去，在意见比较一致之后，拿出一个按我们认为比较合适的分类法制订的框架初稿，分别向专家、学者请教，经过修改定稿后，再请权威学者审阅，然后报请上级审批。当然，要拿出一个完全准确的学科分类和框架是不可能的，只能力求完善。此外，由于撰稿和编辑还要花几年时间，这中间还会发生变化，已批准的框架还可能会有局部变动，这是难以避免的。

学科分类是以科学认识和科学活动为依据的，而这两者又都处在实践的、能动的过程，处在不断的演变之中，但是它们的变动又不是随意的、没有规律可循的，而是有客观根据的。在二版确定学科分类的过程中，我认为有必要注意以下四点：

1. 哲学的指导性

哲学是自然科学和社会科学知识的概括和总结。自古以来，哲学对学科研究一直具有指导作用。没有哪一种学科知识体系不是实际上以某种哲学作为指导的，也没有哪一位科学家不是实际上具有某种哲学信仰的。科学家总要受哲学的支配。比如"宇宙有限论"就是受唯心主义哲学观支配的产物，因此它不得不在科学观测的事实面前破产。在进行学科分类的时候，要充分认识哲学思想对自然科学和社会科学的指导意义。

2. 两大门类要并重

现代科学两大门类，即自然科学与社会科学应当同样重视。要改变一版偏重自然科学的倾向。社会科学的一些学科取得科学的形式，比自然科学要相对滞后，有些研究成果又不像自然科学那样具有稳定性，有的学科一直到无产阶级登上历史舞台后方才出现。这两大门类学科的实验过程是完全不同的，社会科学不可能像自然科学那样一经实验证实就可以定案。正如丁肇中教授所说："在历史中去寻求真理，比在自然科学中寻求真理要困难得多。"这多少反映了两大部类的不同性质。社会科学在18世纪之后日益发展，对人类社会的影响也日益重大，而且它和自然科学各学科的相互交叉渗透已越来越发展到了难解难分，你中有我、我中有你的地步，以至有些学者提到要实现自然科学与社会科学的结盟。在学科分类中有必要坚持两大门类并重的原则。当然，这并不是说两大门类在内容和数量都要均等。要防止偏重或轻视，更要反对偏见。我看《不列颠百科全书》既有偏见（如对1989年"六四"事件以及西藏问题），又有故意回避广泛的哲学问题和尖锐的现实社会问题的倾向。

3. 要体现学科的最新发展与转化

科学分类以及整个科学体系不是一成不变的、僵化的和呆板的公式，它必须随着学科的发展而处于不断的运动、不断的发展之中。我们的学科分类要体现最新的联系、发展和转化，既要区分不同学科的特殊本质和领域，又要反映各个不同学科发展和转化的秩序以及它在整体中的位置。此外，科学体系的发展又引起各学科新的交叉，它们在研究对象，理论概念和具体方法方面又都互相渗透，这样就产生了新的边缘学科、综合学科和横断学科。这些新学科的出现体现了学科的发展趋势。学科分类应当迎接这一新的进展，这就增加了学科分类的难度。

4. 要分层次

宏观世界和微观世界都是有层次的。没有分类搞不成框架，没有层次，也搞不成框架。长期以来，把学科分为两大门类，即自然科学与社会科学，这是第一层次。自然科学又分为各大学科，如数、理、化、天、地、生，这是第二层次。各大学科所属的分支学科，如物理中的光学，这是第三层次。由于实践的深入和认识的发展，各学科（其中也有属于第二层次的）还产生了新的学科群，这些分别属于第四、第五层次，这样就构成了从一般到特殊的知识层次和学科体系。但是关于分层次的问题，绝不像上面叙述的那样简单划一。钱学森1978年在中央党校的演讲中说："数、理、化、天、地、生六大学科并不是平起平坐的"，"从严密的自然科学综合观点，我认为可以再综合成两门学问：一门是物理，研究物质运动的基本规律的学问，一门是数学，指导我们推理演算的学问。其他的学问都是从这两门学问派生出来的。知道了物质运动的基本规律，然后加以推理、演算，就可以得出所有其他学问"。他列举了许多实例加以证明，还说："数学，顾名思义是算，但实际上，数学不光算，还是辩证的辅助工具。"这样，数学与物理学又是其他四门学科的基础。由于各大学科本身的发展以及相互的交叉渗透，划分层次将越来越复杂困难。

上面从设计百科全书的框架出发，简略叙述了学科分类应遵循的几项原则。学科分类确实是一项非常复杂的学问。从古代到近代，中国的和外国的哲学家就对分类的问题进行过长期的探讨，这是和人类科学知识的发展水平相适应的。研究学科分类对制订科学规划、健全科研体制、推动不同学科领域的协作和发展科学信息工作都有重要的意义，但我们研究它主要是为了编写百科全书。世界上一些著名的百科全书都有它们的分类体系，《不列颠百科全书》的科学分类体系，即大家所说的"本体论"，是有代表性的。它积累了近两百年的经验，经过几次重大的修改，现在基本定型，对其他国家出版的百科全书有不小的影响。它有它的独创之处，有的我们可以吸收借鉴，这符合我们兼收并蓄的方针。

关于学科分类，国内外许多科学家都有所论述。著名科学家钱学森在1979年《哲学研究》第一期上提出如下一种模式：研究整个世界最一般规律的科学是哲学，也就是马克思主义哲学。客观世界有三个基本领域，即自然领域、社会领域和思维领域，现代科学也相应分为自然科学、社会科学和思维科学三大部门。这三个领域同马克思哲学体系的联系有三个桥梁：和自然科学联系的是自然辩证法，和社会科学联系的是历史唯物论，和思维科学联系的是辩证认识论。和这三大部门，也就是三大基础科学并列的是数学，它是研究整个宏观世界量的关系的科学。这样，马克思主义哲学是第一层次、四大基础科学是第二层次，四大基础科学的下一层次是技术科学，技术科学的下一层次是工程科学，工程科学也叫工程技术。技术科学对基础科学来说是应用的，但它本身也有理论，技术工程师本身就是科学家，是理论与实际相结合的范例。社会科学同样也有三个层次，如经济学的下一层次是政治经济学，再下一层次是财政学。

钱学森 1991 年在《哲学研究》第一期上进一步提出新的学科分类法，他认为现代科学技术有十大部门：自然科学、社会科学、数学科学、系统科学、思维科学、人体科学、文艺理论、军事科学、行为科学、地理科学。1994 年 5 月，全国十个技术协会在北京开会时，肯定了这个科学技术体系。同年 5 月 7 日的《人民日报》有如下报道：会议"运用马克思主义辩证唯物主义哲学原理，创造性地构筑了一个现代科学技术体系。这体系分为十个部门：自然科学、社会科学、数学科学、系统科学、文艺理论、思维科学、军事科学、行为科学、人体科学同地理科学。每一部门又分三个层次，即基础科学、技术科学和工程技术。这个科学技术体系是个开放的体系，是不断演化的。随着社会进步，内容会发展变化，会有新的大部门出现"。上述报道中提到的系统科学和行为科学是本世纪才出现的新学科。系统科学是从系统的角度考察整个客观世界的科学，也就是运用系统观去认识世界和改造世界。它包括三个层次，第一层是系统的基础理论，第二层是系统的技术科学，第三层是系统的工程技术。美国研制原子弹的曼哈顿计划和阿波罗登月计划都是系统的技术工程的杰出范例。行为科学是研究个人与社会的相互关系的科学，以认识与掌握个人与社会矛盾的发展规律，使矛盾得到解决，社会不断完善，达到理想的社会境界为目的。这两种学科都是横向跨学科的科学。

上述分类把现代科学技术体系分为十大部门，体现了现代科学技术在微观和宏观两方面的延伸、交叉和渗透，具有高度分化和高度结合的特点，适应了现代科学技术发展的总体化的趋势。这是这个分类的特点和优点。但这个分类法给大百科全书的总体设计出了一个难题，比如系统科学和行为科学，它们和数学、社会学等学科，互相交叉渗透已到了难解难分的程度，在制订框架的时候，为了避免重叠，我们在两个独立学科中只能侧重一头，另一个独立学科只能依附它，处于从属兼顾的地位。

我们再来看看《不列颠百科全书》提出的所谓"本体论"的分类法。这不是一般的学科分类法，而是为编写百科全书而制订的分类法，也可以说是知识的分类法。1974～1979年该全书第15版就是按照这个分类法编写的，他们自诩这是"百科革命"，在国际辞书界引起重视，对我国辞书界也有影响。这个分类法把全部知识分为十大门类，就是：一、物质和能；二、地球；三、地球上的生命；四、人类生命；五、人类社会；六、艺术；七、技术；八、宗教；九、人类历史；十、科学分支。这个分类法不是惯常使用的各学科分层次并列，而是由一般到特殊，从主干分蘖出支干，从基础向实践延伸。本来按物质运动形式固有的联系和转化的次序作为划分科学部门、建立学科分类体系的根据是分类法的一种。《不列颠百科全书》的分类法对人文社会科学的知识不够重视，这是西方百科全书共有的倾向。还有关于知识的划分，它又有畸轻畸重和重复交叉的缺点。

还有一个分类法是我国国家技术监督局1992年发布的，作为中华人民共和国标准的《学科分类与代码》。这个分类法规定"学科是相对独立的知识体系"，"分类原则是根据学科研究对象的客观的本质的属性和主要特征及其之间的相互联系，划分不同的从属关系和排列次序，组成一个有序的学科分类体系"。这个标准分五个门类，即自然科学、农业科学、医药科学、工程技术科学和人文社会科学，共设 58 个学科，仅对一、二、三级进行分类。标准规定凡交叉或具有两种属性的学科，可在两处排列，但只在一处给代码，如"国际关系史"，既属政治学，又属历史学，只列在政治学。还规定成长中的新兴学科都纳入标准，萌芽中的新兴学科暂不纳入。标准还规定"信息科学"与"系统科学"的理论和技术部分其性质与数学类似，排在数学之后，考虑其发展前景，设为一级学科。"信息科学""系统科学"都以"控制论""系统论"和"信息论"为基础理论，很难分开，故暂列在一类。标准还认为"环境科学技术""安全科学技术""管理学"三个一级学科属综合学科，把它们列在自然科学与社会科学之间。此外还设有一些特例。

这个学科分类法严格说没有体现现代科学技术体系的构成，把基础科学、应用科学、技术科学并列，物理学、数学只是一个一般学科，而医药科学却成了五个门类之一。这个分类法之所以和学术上的学科分类存在区别，主要是偏重于应用，它主要适用于国家宏观管理和技术统计，是为科技政策和科技发展规划，以及科研经费、科技人才、科研项目、科研成果统计和管理服务的。由于它具有应用的特点，它纳入了正在成长的新兴学科，还给差不多所有的科研活动定位，例如小至"广播电视播音"，《标准》也把它归入"新闻学与传播学"，成为它所统摄的第三级的学科。

上面列举的三种分类法都是有代表性的，都可供参考，但不能照搬。我们之所以重视分类，为的是要把二版所要概括、归纳的知识，按我们上面提到的四个原则，就其大、小、重、轻制订框架，分别为各类知识或条目排定座次，既要避免缺漏，即空座，又要减少（不是消灭）交叉重复，即尽量避免一个主题占两个座位或两个主题挤占一个座位。我们的讨论已不是泛论，而是研讨具体方案。我主张继续进行讨论。我相信，经过深入讨论后，我们能够拿出一个既能提高二版总体设计的质量，又符合国际科技发展的趋势和发扬我国编纂辞书传统的分类方案和框架来。

编辑方针

1980 年规定的 10 项编辑方针，经过十几年的实践，证明基本上是正确的，但有的未能坚持，有的还不完善，或过于原则，不便操作。下面提出若干补充，请讨论，以便修订。

（一）对象

原定的以具有高中、大学文化的读者，也就是非专业的读者为主要对象，但一版有的卷，如数学卷，连大学本专业的学生都看不懂，这说明编辑工作的失控。二版不能听从条目作者的意愿加以拔高。综合的百科全书和专业百科全书不同，二版是以高中以上文化水平的读者为对象的综合百科全书，它的内容要适合读者水平，要简明，通俗易懂。以高中或大学程度的读者为主要对象，这是切合我国当前实际的，这就是要把二版办成高等科普读物。这个提法决不会降低二版的地位和作用。这是实际的需要，是从当前国情出发的。《中国大百科全书》在档次上再上一个台阶，那是下个世纪的事。本来知识是很难划出一条水平线的，但高低还是有其客观标准的。略为高一点，让读者跳一跳就能摘到果子，这是容许的。

（二）智力支持

二版不仅要提供科学技术知识，还要同时培养读者的科学思想、科学方法和科学能力，以提高他们的素质，激发他们参与科学技术实践的积极性，进一步提高他们的科技水平和思想水平。这就为实现我国现代化提供智力支持。先进设备可以引进，而劳动者的素质只能靠自己来提高。一版规定重要条目要开列参考书目，但有的卷根本不执行，有的虽开列了，但引的是国外鸿篇，海内孤本，对读者没有什么实际价值。二版要切实地在各个方面，包括提供合适的参考书目，助读者一臂之力。

（三）比例

建议改变一版原定的自然科学占主要地位的内容比例。自然科学与社会科学两大门类所占的篇幅，后者应略多于前者，改为 4∶6 或 4.5∶5.5。这是因为自然科学的知识相对稳定，而社会科学则复杂多变，且在日常学习、工作和生活中遇到的疑难问题，大都是后者比前者多。但在社会科学方面，一版中的体育、图书、档案、新闻、出版和曲艺、电影等内容都要精简。古今比例要薄古厚今，当代的要重于古代和近代的。中外比例则以中为主，否则就不成为中国出版的百科全书，但也不是处处事事都把中国排在第一位。有关外国的知识，大概要占一半，否则不便于了解和交流。对外也不应平均主义，重要大国和周边国家应占较大比重。第三世界的知识应重视，但不要勉强凑数。

（四）文体

要重视辞书文体，要惜墨如金，不要敷陈，写条目不是做文章。一版《体育》卷讲乒乓球竟有 28 条，共 5 万多字，实际只几千字就足够。大、中、小条目的构成，要以有利于读者获取知识为原则。现在出版界很重视条目数，好像条目越多，内容就越丰富，实际上质量高低与内容多少不完全决定于条目数量。请各位考虑，可否提倡一种综合文体。以环境科学为例，把一些有关的基本概念，如环境、环境污染、环境保护、生态系统、生态平衡、生态危机等基本概念以及发展与环境、能源与环境等本来要分成十几个独立条目的内容，综合写成一个一二万字的大条目，内容有定义、有说明、有对比、有发展过程，并附有图表、参考书等。这样有关环境保护的知识一目了然，有关的专门名词，都列入索引，以便于查检。重要的专业知识，如生物圈、生态学，著名环境科学家的小传、重要著作，以及有影响的学术团体、学术会议等，即使综合条目中已提到，也可以另立条目，但内容应相应简化。综合文体有利于进行比较、串联和反映发展趋势，可以帮助读者较有系统地获得有关知识，这比让读者自己从许多不同条目中去寻找，然后再由自己求得结论要方便得多。综合有大有小，根据主题情况决定。百科全书不是名词辞典，它拥有更大的活动空间。如果这一形式可行，它将是二版的一个特色。

（五）释文

胡乔木对释文有过一些要求，总的要求是："有关中国方面的内容，应当力求准确、公允、可信；外国的内容，要力求不出错误。"还有"要突出条目的主体，不作一般的无谓的论述，要抓准要点。不使用宣传性、颂扬性的词语"，"要用客观陈述的方法。语气要客观、脉络要清楚、措辞要准确，每句话都要表达清楚"，"断语要少，尽量不用编者的口吻作出论断，必要的论断可采用权威性文献或其他的方式表达"，"时间要写清楚，主语要保持稳定"。这些都是我们写释文时要遵循的。

（六）选条原则

一版体例中曾对选条原则做过规定，如"条目是独立的知识主题或已形成的固定概念"；条目应用"词和词组"来标引，要求规范、通用、简明，"适于读者快速查阅"等等，执行这些原则，既要靠撰稿专家的通力合作，同时还要靠编辑的认真负责。我认为不应把独立主题绝对化，要防止切割过细因而导致条目零碎、孤立的倾向。上面提到的综合文体和选条原则有关，请予讨论。

二版要充分利用一版提供的文稿和资料，有的可照样选用；有的可用，但资料要补充修改；有的只能作为资料；有的则要和其他条目综合使用；有些则要摒弃。这一工作难度相当大，如何处理，亟待研究。

（七）索引

索引是百科全书的钥匙，是质量的重要因素，是出版社和编者是否热情为读者服务的一种表现。没有好的索引，就不是一部合格的百科全书。二版除借助数据库做好名词统一外，还应建立相应的制度和严格的措施，一定要保证二版索引做到全面、准确和易检。

（八）要博引众长

国内外有许多百科全书，从框架、选条到插图、印制、装订、包装，都各有或多或少的优点，没有优点的也有缺点，而避免了缺点也就接近了优点。要博引众长，实行拿来主义。二版有些重要条目，可约请著名的外国人或海外华人科学家撰写，或请他们审阅。一版曾请丁肇中审阅有关他的条目，他很满意。

（九）译名

二版译名要标准化。一版同一卷同一人竟出现两个译名，二版要坚决避免。一版有不少卷的中国条目附英文译名，二版是否取消？二版是为懂汉字的读者编写的，加附英文译名有时费力不讨好。二版外文译名一律用英文，一版曾附俄文原名，没有必要单独突出俄语。为便于台湾读者阅读，有些大陆通用的译名可同时附台湾译名，如激光即镭射、计算机即电脑等。

（十）上书名人

当代名人上书要严格，要尽可能定出一个标准。一版有的学科如天文学、数学等只有十几个人上书，而有的卷多至十几倍。标准要严，要论贡献，不要受一时的知名度的影响。有的所谓名人如天上流星、转瞬即逝，严肃的辞书不要自降身份去凑热闹。有的人物，不必单独列条，可在有关条目中提到并在索引中出现。

（十一）年鉴

一版每年由上海分社编一本年鉴，名义上是补充已出版的各卷所缺的当年资料，但实际上是各搞各的，业务上没有什么联系。一版出齐后，1994 年还出一本年鉴，今后是否编辑出版，要早定。

（十二）微机化

编辑工作为提高效率和积累资料，要实现微机化。我社数据库的开发，已成为编辑出版的技术改造突破口。二版要充分利用数据库，实现编辑的微机化和技术标准化，并和外界提供信息的单位联网，以提高工作效率和编排的准确性。

（十三）二版出版时间

最好定在下世纪初。应全面反映我国社会主义现代化建设在本世纪末实现第二步战略目标后所取得的成就，这是标志这一历史阶段的里程碑。如为了争取在 2000 年初出版而提前截稿，把这一重要战略阶段分为两半是不明智的。

回顾与前瞻：二版要着重阐述的
几个重大问题

《中国大百科全书》一版大部分学科卷是在 80 年代出版的，1993年全部出齐。二版预定在下世纪初问世。两版编写时间相隔约 20 年，而这 20 年正是人类历史上的关键时期。在这期间出现的事件和发明之多，影响之大，来势之猛，斗争的尖锐，形势的严峻和错综复杂，可说是史无前例的。在这百年一遇的新旧世纪之交，二版要对 20 世纪后期出现的，一版未能涉及的几个重大问题着重加以阐述，既回顾过去，又瞻望未来，使读者既获得知识又了解时代趋势，增强信心。

首先，二版应阐述当代中国第二次革命取得的伟大成就。二版要通过各有关条目，阐述我国正在进行的伟大变革，在借鉴中国与外国的经验教训后，坚持立足于本国国情，走自己的路。我们首先在农村实行以家庭联产承包为主的责任制，接着发展乡镇企业，开辟了中国农村乃至全社会发展的一条新路。我们又实行对外开放，到 1994 年，15 年共吸收国际投资 956 亿美元。我们改变了高度集中的计划经济体制，明确提出建立社会主义市场经济的目标，使我国经济改革实现了一个历史的飞跃。从 1979 年到 1994 年我国国民生产总值年平均增长 9.44%（1953 ～ 1978 年间的年平均增长率为 6.1%），15 年增长了近三倍。分三步走的实现中国现代化的发展战略，第一步已在 1990 年实现，比 1980 年翻了一番。第二步即将提前实现，在"八五"末期再翻一番，接着将满怀信心地走向第三步战略目标，向基本实现现代化迈进。以国民生产总值的增长速度来比较，据世界银行的资料，我们从 1977 年到 1987 年 10 年所取得的，美国为达到同一水平要花费 50 年，日本要花费 35 年。我国改革开放取得的成就是 20 世纪最壮观的经济奇迹之一，不仅为全世界所瞩目，而且对 21 世纪的世界将产生难以估量的影响。

其次，是有中国特色社会主义理论的形成和发展。二版还要解答为什么我国在很短的时间内能取得如此惊人的成就这个问题。这就要阐明以邓小平为代表的党的第二代领导集体所确定的、建设有中国特色社会主义的理论和基本路线。这一理论是马克思主义基本原理和中国现代化建设的结合，是社会主义普遍原则和中国国情的统一，是中国现代化建设的纲领，是继承和发展马克思主义的伟大成果。在世界社会主义运动遭受巨大挫折之后，有中国特色社会主义理论保证了中国的稳定和发展，并将在下一世纪极大地解放和发展本国生产力，使中国成为一个富裕、文明、民主的社会主义现代化国家。这将是世界历史的奇迹，并将产生难以估量的影响。二版对这一理论的阐述，将给读者提供一把获取有关我国当前成就和未来发展远景的知识的钥匙。

再次，是世界格局的变化和改组。二版还要提供有关知识，说明世界现在正处在大变动的历史时期，两极格局已经终结，各种力量正朝着多极化发展。和平与发展是当今世界的主流。二版要着重阐述当今的世界是一个充满矛盾、冲突、战乱不断的复杂多变的世界，当今世界又是一个走向多极化格局、各国交往日益频繁、经济日益发展、进步力量日益壮大的丰富多彩的世界，以及我们从战略高度出发，看待和处理在互相尊重、求同存异以及平等互利的基础上共同为塑造面向 21 世纪的全面合作的方针。

现在世界历史的进程是大大加快了。世界要和平，国家要发展，社会要进步已成为时代的主旋律。社会主义与资本主义共处和斗争的形式已发生变化，争夺军事优势的斗争已让位给争夺综合国力的优势，特别是争夺经济和科技优势的斗争。国际斗争的主要舞台已由战场转向市场。同时科技革命正在形成高潮，一个科技经济大发展的世界正在到来。科技进步已经成为各国经济增长的主要推动力，成为国际竞争综合国力较量的焦点。

在这种形势下，在下世纪初出版的二版，除阐述世界格局的变化和改组外，还要充分介绍国际上有关科技革命的发展情况和信息，从而帮助我国读者进一步掌握邓小平提出的科技是第一生产力的论点。二版要阐述历次技术革命：18 世纪 70 年代出现的蒸汽机，把工场手工业变成现代大工业，这是第一次巨大的革命。过了一百年，发明了电，恩格斯说："这实际上是一次巨大的革命，生产力因此得到巨大的发展。"到本世纪中叶，又发生了原子能技术革命，接着是电子计算机技术革命、航空航天技术革命，还有通过人控制遗传因素的创种技术革命。近两年又出现了被称为本世纪第五项技术革命的信息技术革命，也就是信息高速公路。信息技术也是生产力。过去追求的是发现资源和利用资源，现在是讲究节约资源和更好地利用、开发资源。上述五种技术革命，都还在继续开展中，过去一百年才出现一次，本世纪仅后五十年就出现五次重大的突破，而且正在形成高潮。这就引起了社会经济结构、生产方式和消费结构的一系列变化，从而改变了世界的面貌。我国国民经济在实施第一个五年计划之后，虽然持续发展，科技也取得巨大成就，但整体的技术水平和经济实力同发达国家相比，还有很大差距。某些西方国家，正凭借它们在科技和经济方面的暂时优势，妄图改变我国的发展方向，在我国实行"西化"和"分化"。面对这一严峻的考验，我们一方面坚持基本路线，一方面推行"科教兴国"的战略，把经济建设转移到依靠科技进步和提高劳动者素质的轨道上去，使我们的生产力有一个新的解放和更大的发展。

最后一个问题是社会主义前途究竟如何？1989～1991年在不费一枪一弹的情况下，先是东欧剧变，后是苏联解体，社会主义遭受了巨大的挫折。西方国家断言，社会主义制度已经崩溃，马克思主义宣告的社会主义必将取代资本主义这一客观规律已经破产。国内外许多人对此感到迷惑不解。二版对这个普遍关注的问题应当给予解答。

一切性质的革命运动的发展规律都是高低起伏的，总是由高潮转入低潮，又由低潮转向高潮，不是径情直遂的。资本主义革命由15世纪到18世纪，就经过许多起伏和血战方才完成。关于社会主义的命运，要进行历史的分析，二版一方面要让读者看到社会主义的优越性，这首先表现在十月革命后苏联经济取得的惊人发展。从1917年（当时全俄还在因内战而流血）到1944年，国民收入增加了7.5倍，而英、美在这期间只增长了69%和34%。在第二次世界大战期间，很长时间红军差不多是孤军奋战，最后终于取得了胜利。这两点都是举世公认的事实。证明了社会主义制度优于资本主义制度。另一方面，也要根据事实，主要是苏联本身提供的大量事实，说明苏联模式和它的发展战略所固有的缺陷和弊端，诸如政治上的个人专断和思想僵化，经济上实行高度集中的指令性计划，轻视农业和轻工业，肃反扩大化，外交上推行霸权主义，对内歧视少数民族，还有赫鲁晓夫 1956 年的秘密报告和戈尔巴乔夫 1987 年的"改革与新思维"报告所引起的严重的思想混乱，加剧了苏联的困难和危机，先后导致了政治的蜕变和经济大滑坡。堡垒首先是从内部攻破的。剧变和解体的发生不是由于社会主义理论的缺陷，而是由于当权者自身所犯的错误。现在社会主义正处于低潮，面临严峻的考验，但它在中国仍然有旺盛的生命力，中国在经历了反右扩大化，三面红旗，特别是"文化大革命"的巨大挫折后，由于党中央实事求是，改正错误，在邓小平提出的建设有中国特色社会主义的理论指导下，坚持四项原则，实行改革开放，以经济建设为中心，坚持两手抓，尽管国际风云变幻，不少红旗落地，中国的经济却一直蓬勃发展，取得了全世界都公认的成就，这就证明了社会主义虽然受到了巨大的挫折，但社会主义仍在东方胜利前进，"和平演变"的战略并非是到处可以不战而胜的。

关于社会主义命运的问题，还应从资本主义的前途这一方面来加以考察。资本主义制度是经过工业革命，由工场手工业过渡到机器大工业后才最终确立的。科学技术的不断进步和应用于生产，促进了生产力的迅速发展，引发了资产阶级与无产阶级的对抗进一步升级，同时也加剧了资本主义的基本矛盾，即生产社会化和资本主义私人占有之间的矛盾。当资本主义发展到大机器工业阶段以后，就周期性地暴发大、小的危机。1929～1933 年经济大危机期间，世界失业人数达 4500 万人，美国工业下降 46.2%，德国下降 40.6%，广大人民群众生活急剧下降，这也是希特勒法西斯崛起的原因之一。第二次世界大战后，资本主义国家曾采取各项调整措施，包括提高社会福利等，同时充分借助新的科技发明和战后重建经济的需要，在 1950～1969 年曾一度获得较高的发展。但是就在这一时期，也出现过 1952～1958 年的经济危机，以后在 1973～1975 年和 1980～1982 年又接连出现了危机。这几年也在负增长的水平上下徘徊，还没有恢复元气。这都是资本主义基本矛盾的表现，新技术革命的出现并没有改变这一情况。这几年失业人数逐年增长，美国每三个人就有一人失业或半失业，金融风潮频繁出现，财富更加集中，美国占人口百分之十的人拥有全国财富百分之八十，富者愈富，穷者愈穷，统治者又一再降低社会福利（美国众议院的主席金里奇今年就提出要取消现行的大部分社会福利），增加税收，资产阶级变得越来越贪婪，越来越残忍，越来越反动，因而与国内劳动人民，与国外第三世界各国，甚至在资产阶级内部之间和西方世界各国相互之间的矛盾日益尖锐。残酷的事实证明了资产阶级越来越难于驾驭现代化生产力，而生产力也因科技革命的先后出现，已强大到资本主义生产关系所不能适应的地步。这就意味着资本主义制度终将不可避免地被社会主义制度所代替。这是不以人的意志为转移的客观规律。但是这并不是说资本主义现在已到了穷途末路。过去我们对资本主义的认识有片面性，也不够深刻。现在它还能凭借新的科技发展生产力，生产关系虽然日渐恶化，但远没有紧张到崩溃瓦解的地步。霸权主义还很行时，但和过去比起来已经今不如昔。我们现在所处的时代仍然就是由十月革命所开创的，人类由资本主义向社会主义过渡的时代。过渡是一个漫长的过程。十月革命胜利后，有不少人认为西欧革命将很快胜利。有位苏联作家预言，俄国老人很快就可以到革命胜利的意大利去晒太阳。我们不应有这样的幼稚天真的想法，要清醒地看到在历史大变革过程中还要经过反复的较量，不能只看到有利的一面，还要看到今后还会出现很多消极的、负面的社会现象和过去未曾遇到的新矛盾、新问题，包括一定时期内一国两制和一球两制的发展趋势，以及我们对主要资本主义国家的态度和对策，还有在改革开放和现代化建设中怎样巩固和发展社会主义制度这样一些重大问题。中国，在经历了翻天覆地的变化之后，正在满怀信心地对已面临和将面临的许多问题进行研究和探索，寻求正确的解决途径，以便为中国，也为我们这个星球作出更大贡献。这些都是二版必须阐释的问题。

　　一百年前，也就是 19 世纪的末期，即 1894 年，恩格斯在给西西里岛社会党人的贺信中说："国际无产阶级大军正在形成——即将来临的新时代将使它取得胜利。"他的预言被 1917 年的十月革命所证实。一百年后，在 20 世纪即将结束之际，形势比上一世纪末期已大大前进了，又一个波澜壮阔的新时代必将来临，在百年一遇的两个世纪交替时期出版的二版，应鼓舞它的读者满怀信心地迎接即将出现新时代的新世纪。

1995 年 9 月 10 日

对编写《简明中华百科全书》的几点意见

这是看了综合编辑部的十几份材料后写出来的，当然不全面，只供讨论编写方针和制订框架时参考。

一、编写《简明中华百科全书》（以下简称《中华百科》），要站得高一点。从政治上着眼，要使这部辞书对我国社会主义制度的巩固和发展能有所贡献。要通过条目进行爱国主义和社会主义的教育，要帮助国外读者正确了解、认识中国。要把这个方针贯彻到制订框架和条目编写工作上去。举个例子，关于西藏人口，不要只简单说，据1990 年全国人口普查，自治区共有 219.6 万人，其中藏族为 209.63万人，还应补叙 1953 年达赖上报西藏藏族人口为 100 万，1953 年和1964 年两次普查，藏族人口分别为 120.9 万和 178.6 万。这样数字本身就驳斥了西方恶意制造的所谓大量汉人进藏和灭绝藏胞的谣言，还表明了由于生活改善和政府鼓励藏族生育，三十几年来藏族人口增加了一倍多。

二、简明的《中华百科》和《中国大百科全书》是不同性质的辞书，它只介绍有关中国的知识，并且是简明的。从几份条目表看来，几乎完全抄自《中国大百科全书》，所列中国语言文字学家 109 人，宋代文学家 160 人，都和语言文字卷与中国文学卷雷同。《中华百科》的文学艺术类，计划收条目 4050 条，我估计相当一部分可以去掉。其所以出现这种情况，可能与事先没有确定该辞书的读者对象有关，还可能对简明的要求不严。《中华百科》的主要读者应是中等文化程度的人。向他们提供有关中国过去和现在的一般知识，也可供国内外具有高等文化水平的读者查阅参考。解答各学科高层次专、深课题，是《中国大百科全书》的任务，如韩道昭是金音韵学家，王引之的《春秋名字解诂》之类，《中华百科》就可以不收。

三、《中华百科》条目的选定要有重点。我的意见是要详今略古，今古的比例可以是六比四。其次要偏重社会科学，自然科学一般说没有什么国家特色，只要把历史上我国科技发明和解放后在各领域取得的伟大成就（这又是重点）详加介绍就够了。

中国有几千年的历史，《中华百科》应着重介绍鸦片战争以后150年，特别是解放后40年的历史，夏以后清以前的历史当然要介绍，但不要敷陈，要有重点和分类介绍，包括各兄弟民族的发展和贡献。

要偏重现代的，特别是1978年以后出现的新事物，如特区、经济技术开发区、扶贫、扫黄、希望工程、对国防工业有特殊贡献的已公开的科学家等等。"新"应当是《中华百科》的一个突出的优点。统计数字一般应截至1992年底，个别重要的还可以延到截稿期。这将保证《中华百科》在和已出版的各种类似辞典（包括用大百科全书出版社名义出版的《百科知识辞典》）竞争中处于优势。

四、要大量运用图、表、数字等，这些有利于读者进行比较，上述西藏人口就是一例。《中华百科》要多用各种图表，比如要有一张标明解放前建的、解放后建的、正在修建的和计划修建的全国铁路图。国民生产总值增长情况除文字说明外，还可以附一幅图，使读者一目了然。彩图不要滥，凡文字无法或难于表达的，或有重大意义的才用它。所提草案中，大事记和历史年表并存，会不会重复？可否解放前的用历史年表、解放后的用大事记？中外货币如指比值，因其不断浮动，列出没有意义，如指外币名称或币值，这不属《中华百科》的取材范围。

五、要提倡综合的写法。例如五代十国，不分条写，可设"五代十国"一条，把九十多年错综复杂的民族纠纷和混乱局势作一综合的叙述，而梁、唐、晋、汉、周只作简单介绍，并都入索引，便于查阅。哲学条目中有"先知后行""知行合一""行先后知"和"知难行易"四条，可并为一条。《百科知识辞典》中就只有"知行"一条，但写得过于简略。《辞海》有杨业、杨继业等五条，《百科知识辞典》则只有杨业一条，比较知名的是"杨家将"，可综合设"杨家将"条，杨业、杨继业等可入索引。

六、中国是一个统一的、多民族的国家，共有 56 个民族。有关各少数民族的历史、语言文字、宗教信仰、风俗习惯，解放后我们的民族政策和各民族在政治、经济、文化、教育等方面所取得的巨大成就，《中华百科》应详加叙述。

七、成语、典故，凡有普遍性的要收，具有中国特色的名词更要收。如平仄、对联、对子、律诗、绝句、回文诗，这些只有中国文学才有，解说时还要举出有名的作品作例子。新名词要广为搜集，如扶贫、双拥、特困户、盲流、南极中山站、小康、小金库、扫黄、温饱工程、走穴、粮票、一条街、多极化、热点、投资保护协定等。我国历史上和现代有不少卓有贡献的能工巧匠、名医名厨，大百科全书没有收录的也应列入。

八、概观性文章应当有，但是否要写二十万字？概述中国，一百万字不为多，三五万字也不算少，看您怎么写。请提出你们的设想。

九、框架定后，估计有百分之六十可从《中国大百科全书》各卷和《百科知识辞典》等摘写；有百分之三十要改写，如"毛泽东"一条要把《中国大百科全书》各卷中的有关部分收集起来，重加整理编写；另有百分之十要编辑自己撰写或约人撰写。对二、三项工作和概观性文章的难度要有足够的认识，不少同志对此可能估计不足。编辑加工要做得细。我看了你们送来的几十条条目，文字都比较粗糙。有的我已做了修改。编辞书特别是简明的百科全书不是写文章，要做到字字珠玑，没有多余的字句，更不应有错字别字。

　　编辑出版《中华百科》是一件大事。我这里只提编辑业务上的一些问题，请讨论。我还有一些想法，如三审制度、发稿期限、经费，等等，正在考虑中。上述意见，请把你们研究的结果报告社委会，由社委会讨论后做出决定。

1992 年 2 月 8 日

《简明中华百科全书》前言

  《简明中华百科全书》是第一部全面、系统、简明地介绍中国古今文化的综合性百科全书。它向国内外，特别是国外具有中等以上文化程度的读者提供有关中国过去和现在的一般知识，帮助他们了解和熟悉中国。对久居国外的炎黄子孙来讲，本书无异于一幅祖国画卷，使他们可从中看到正在从事现代化建设和改革开放的父老乡亲的锦绣前程；对研究中国问题的学者来讲，本书是一部有参考价值的工具书。

  《简明中华百科全书》版面字数 500 万左右。全书包括正文、附录和索引三大部分。正文部分包括条目、概述文章及相应的图表。条目约8000 条，按汉语拼音顺序排列；概述文章约 15 万字；随文插图约 1700幅。附录部分包括中国大事年表、中国历史纪年表等数十个附表。索引部分包括条目笔画索引和内容音序索引。

  《简明中华百科全书》包括历史、地理、哲学·宗教、人类·社会、政治·法律、军事、经济、文学·艺术、文化·教育、自然科学、工程技术共 11 个知识大类，涉及到 60 多个学科和领域。在全书整个知识体系中，社会科学部分所占的比重大于科学技术部分，近、现代部分所占的比重大于古代部分，体现了侧重社会科学和详今略古的原则。考虑到科学技术部分一般来说没有什么国家特色，本书只着重介绍中国古代较大的科技发明及科学理论和现代在科技领域取得的伟大成就。考虑到一般读者渴望了解急剧变化的近、现代中国，本书着重介绍了 1840 年鸦片战争以后，尤其是 1949 年中华人民共和国成立以后中国各方面的基本情况，突出介绍了 1978 年中国实行改革开放以来出现的新事物、新情况、新人物等新知识。

《简明中华百科全书》在以条目为主要形式介绍知识时，着重采用综合的写法，尽量不把知识块切割得过于零碎；着重选收具有普遍性、典型性和高检索率的条目，不收或少收过专、过僻的条目；注重在条目中大量采用配图、表格、数据等形式，使严谨的知识主题显得生动、直观和便于比较，从而增加读者的查阅兴趣；讲求引用资料和数据的准确性和权威性，重要的均与《中国大百科全书》和其他工具书核对并有所校正，此外还特别讲求一个新字，重要资料和数据一般均收录到1995年底。与其他各种百科全书、百科辞典等工具书相比，《简明中华百科全书》有其鲜明的特色。

《简明中华百科全书》除采用条目形式介绍知识外，还设置一篇题为"中国"的概述文章，从中国的自然概况、历史、政治、法律、军事、外交、经济、产业、科学和技术、教育、文化、社会生活等12个方面，全方位地、多层面地、系统地向读者介绍中国尤其是现代中国的基本状况。编纂者企盼通过这种方式，把抽象的"中国"变为具象的、便于把握的知识模型，使"中国"更直观地凸现在读者面前。

《简明中华百科全书》的附录部分是将零散的知识点，汇总成有机联系的知识系统的重要形式。附录共有27个，包括：中国大事年表、中国历史纪年表、汉语拼音方案、中国法定计量单位表，以及中国行政区划、中国国家重点保护的野生动物和植物、中国著名自然保护区、中国全国重点文物保护单位、中国著名高等学校、中国科学院院士、中国同外国建交时间、中国少数民族分布、中国主要铁路干线、中国发射的人造卫星等一览表。这部分内容准确、可靠，便于读者查阅、比较和直接引用，其中如中国大事年表，凡1000余条，高度概括地介绍了自中华文明发祥以来直至1993年底发生的中国重大事件，揭示了中华文明发展脉络，为了解中国提供了基本线索。

《简明中华百科全书》的编纂工作是在数百名各界专家、学者及编辑人员的积极参加下进行的，并得到国家有关部门、学术团体、大专院校及出版单位大力支持，在此谨向大家表示诚挚的感谢。我们衷心地希望，本书能有助于国内外广大读者认识和了解中国，并欢迎读者提出批评意见，以便本书再版时能有所改进。

1995 年

在《中国大百科全书（青少年版）》编委会会议上的讲话

《中国大百科全书（青少年版）》（以下简称《青少年版》）编委会现在举行第一次会议。我代表中国大百科全书出版社和河南海燕出版社向各位关心和支持我们的专家、学者，各位老师表示衷心的感谢。我们希望今后《青少年版》的编撰工作能继续得到各位的支持和帮助。

中国大百科全书出版社早就计划编印以中学生为主要对象的百科全书，名为《中学生百科全书》。但由于大百科全书的编撰工作近两年进入了紧张的煞尾阶段，筹备工作迟迟没有开始。现在《中国大百科全书》的编撰工作已经全部完成，有60卷已经出版，另14卷将在1993年出齐。去年年底我们开始筹办时，得知河南海燕出版社也有类似的计划，双方经过商议，决定合作。海燕出版社坚持定名为《中国大百科全书（青少年版）》，我们后来也同意了。今天《青少年版》编委会开会，这就表示《青少年版》的编撰工作已经正式开始。

我们决定编印《青少年版》，是想为培养我国的青少年办一件实事。邓小平同志今年在南方视察时发表重要谈话，就语重心长地一再说"要注意培育人""要注意下一代接班人的培养"。我们党和政府从来就重视培养青少年的工作。《中华人民共和国宪法》第46条就明文规定："国家培养青年、少年、儿童在品德、智力、体质等方面的全面发展。"青少年是祖国的未来，作为跨世纪的一代，他们是实现祖国腾飞，实现祖国社会主义现代化建设第三步战略目标的主力军，其中有的还将成为祖国的中流砥柱。作为在进一步改革开放中前进的出版社，为我国当代青少年编写出版有助于他们学习、思考，扩展知识领域，树立崇高理想的读物，是我们义不容辞的责任。

青少年时期是人生的一个年龄段，一般是指从 12 岁到 17 岁这一段，也就是中学生时期。据 1989 年的统计，全国在校的中学生是 5300 多万人。他们告别了儿童时代，正处在体力、智力和道德素质的全面发展时期。他们主要在学校接受循序渐进的基础知识教育和思维能力训练，同时又不断受到社会，包括家庭、亲友、同学以及各种传播工具等的影响。他们的思想单纯，精力旺盛，求知欲强烈，对外界事物十分敏感，是一个思想活跃而又尚未定型的，因而也是其思想、行为、品质具有可塑性的群体。《青少年版》应当按照这些青少年的特征来编撰。《青少年版》和他们在学校学习的课程要有紧密的联系，是课本知识的补充、扩展和延伸，同时又要帮助、引导他们对真理和知识的求索，扩大他们的视野，为他们开拓一个新的、丰富多彩的知识世界。只要能鼓励、吸引、诱发他们的兴趣，他们一踏进知识世界，大多数人将会终生不回头，走到底。学海无涯苦作舟，他们终将以其专长为祖国和世界作出贡献。

《青少年版》是一个困难而复杂的文化工程。按我们的初步计划，它是一部篇幅约 1000 万字的、图文并茂的分卷出版的辞书。在动手编写之前，按照编写辞书的惯例，我们首先要制订一个总体设计方案。总体设计的草稿已印发给各位。下面我就总体设计中的一些想法作一简要说明。我们对青少年的知识、心理、思想感情等实际情况知之甚少，特向各位求教，请各位编委同志对我们的草案提出批评和修改意见。

关于《青少年版》的编辑方针

《中国大百科全书》的编辑方针是经过党中央同意的。方针的第一点是，全书编撰工作以马克思主义、列宁主义、毛泽东思想为指导，坚持辩证唯物主义和历史唯物主义。第二条是全书的编撰工作贯彻"百花齐放、百家争鸣"的方针，介绍文化科学知识时，要持客观态度，实事求是，对学术上有争议的问题，应反映各家学说。这两条方针，《青少年版》都应当遵从。但是后一点必须考虑到这两种百科全书实际上存在的差异。其一是读者对象不同，《中国大百科全书》的对象是具有高中以上、相当于大学文化程度的人，而《青少年版》的读者主要是中学生或具有中学水平的青少年，他们大多正在上中学，还不够成熟，还不具备独立思考和判断能力，还需要老师和家长的指导和帮助。另一个差异是内容广窄深浅不同，《青少年版》不需要涉及百科，也不阐述高层次的学术理论和争议，不存在对不同学说要采取客观态度的问题。因此，虽然现在定名为《中国大百科全书（青少年版）》，实际与《中国大百科全书》不同，它只选用了《中国大百科全书》的部分资料，而且要根据青少年的知识和心理特点，在执行双百方针和实事求是的基础上，有它的倾向性，着重于启发和引导，把青少年培养成为有思想、有道德、有文化、有纪律，爱祖国、爱人民、爱劳动、爱科学、爱社会主义，勤奋学习、锐意进取、艰苦奋斗的人。至于《青少年版》的编撰方法、选材范围、词条释文等方面，也要适应青少年的需要和水平。如果不看对象，照抄照搬大百科全书，那是没有效果的。

关于《青少年版》的编撰方法

大百科全书一般有两种编法：一是不按学科分类而按字母顺序排列，这叫统编或混编；另一种是按学科分册，每册条目按字母顺序排列，这叫分编。国际上通行混编的方法，其优点是便于检索和减少内容的交叉重复。这是就大百科全书来说的。《中国大百科全书》根据我国的具体情况，第一版按分编出版，今后出版的第二版将按混编出版。

《青少年版》究竟采用那种编法好，存在不同的意见。有的主张混编，好处是简便，有一个名词要查阅，只要按笔画或拼音字母的顺序去查阅就可以得到答案。但是这种编法将影响成书的进度，因为只有在所有的条目编出来之后，才能按笔画或字母的先后把整本书编出来。有的主张分编，按一个学科或几个邻近的学科分编，查起来方便，编好一册出版一册，缺点是青少年对学科的分类难以掌握，而且内容会出现交叉、重复和遗漏。我们比较倾向于混编，这是百科全书发展的趋势。不论采取那种编法，都得首先确定《青少年版》的知识体系究竟分成多少学科，各学科要设多少条目，以及各学科条目占总条数的比例。要按青少年的知识水平来划分学科是很不容易的。在上述各问题基本解决之后，就可以动手制订《青少年版》全书的框架。这也是一个难度很大的问题，直接关系到全书的质量。会上印发的《青少年版知识体系及其条目比例表》和一本《框架条目表》，是编辑部在短时间内为供编委会讨论提出来的，其中存在不少遗漏和缺点，还都是不成熟的意见。

现在国内已出版的供少年儿童查阅的百科全书有几种不同的编法，为供参考，我们略加介绍如下：中国少年儿童出版社出版的《少年百科全书》分册出版，一册一题，如《春秋》是介绍中国历史的一册。人民日报出版社出版的《中学百科辞典》分文科、理科两类，各一册。上海译文出版社出版的《少年科技百科辞典》混编一册。浙江教育出版社出版的《中国少年儿童百科全书》分四册，一为自然、环境；一为技术、科学；一为社会、人类；一为艺术、文化。辽宁教育出版社出版的《中国少年百科全书》一册，分二十类，包括国际博览、科学迷宫、大自然奥秘、基础数据库、商品经济、工业矿产、农林牧渔、军事兵器、硅谷漫游、智力开发、心理行为、七彩世界、文学画廊、语言文字、文化遗产、艺术天地、体育娱乐、卫生保健、生活常识和走向社会。英国《牛津少年百科全书》则分为十三类，就是人类、自然史、宇宙、通信与交通、著名人物、农业渔业（包括园艺）、工业商业（包括矿物和贸易）、工程（包括工具仪器）、娱乐（包括体育）、法律与社会（包括政府和世界形势）、家庭与健康（包括厨房）、艺术、索引。从上述各类情况看来，编法是多种多样的，但以分编为主。

关于《青少年版》的总体设计和编辑体例

《青少年版》的《总体设计方案》和《编辑体例》这两个文件都是草稿，是供讨论用的。

《总体设计方案》提出了几个比较重要的问题。一是读者对象，拟以初中学生为主，兼顾高中学生和小学高年级学生。有的同志提议提高一个层次，可以不兼顾小学学生，而以初中高年级和高中低年级的学生为主。小学生的智力谈不上什么百科，正如他们的体力不宜学举重一样，而且他们少有查阅辞书的需要和习惯。还有的主张以高中生为主，适当兼顾初中生，理由是高中生比初中生更多地接触社会和阅读课外读物，因而使用辞书的机会较多。这是一个值得认真考虑的问题。从《条目框架表》所收条目的广度和深度来看，似乎不是以初中学生为主。其次，条目比例定为社会科学和文化艺术占60%，自然科学和工程技术占40%，是否合理？第三，文字与插图的比例是60%比40%，是不是图多了些。第四，索引卷的附录拟选的许多表是否都必要，这些都请考虑。

《总体设计方案》中提到《青少年版》要"概述古今中外人类知识"。由于我们的读者对象是青少年，在确定选题时，是否不要平均对待而是有所侧重，以今和以中为主？还有一点，是否应和学校的教材保持密切的联系呢？至于"语言表述"的问题，《编辑体例》说："考虑到青少年的特点，在保证知识内容科学性的前提下，语言力求简明、流畅、生动。"由于对象不同，《青少年版》文体和语言同大百科全书的应有区别，《青少年版》是否应适当兼用叙事体，条目释文增加事例，以提高趣味性呢？

上述有关总体设计的几个问题，我们希望各位经常接触少年学生和富有教学经验的专家与老师们能提出宝贵的意见。

下面接着对编辑体例作一些补充说明。百科全书和其他各种大型辞书一样非常强调规范性，而一个周全完善的编辑体例是一部辞书实现规范性的主要保证。《青少年版》估计将有一万多个条目和几千幅插图，它必须成为一个统一的整体。从小到条目的选定、篇幅长短的安排以及书写的格式，一直大到全书框架的制订，都要通过编辑体例来调控，使全书的规范化得以实现。这次印发的《编辑体例》是根据大百科全书出版社十几年的编辑经验提出来的，请编委会各位同志讨论修改，使它更加完善。

辞书的生命在于它的质量，我们要力争《青少年版》有较高的质量。上述三个问题认真解决了，《青少年版》的质量就有了保证。

上面我已就《青少年版》筹办的经过，出版《青少年版》的目的，以及会上发的《总体设计方案》和《编辑体例》做了简要的说明。上述两个文件在编委会讨论修改定稿后，就开始编撰工作。我们希望各位编委能参加撰写和审核某些条目。《总体设计方案》计划全书将在 1993年编成，1994 年出版，时间是十分紧迫的。在全国改革开放的潮流推动下，我们当力争能按期完成。

当代的青少年即将肩负社会主义现代化建设的重任，他们是祖国未来的栋梁。我们都把希望寄托在他们身上。宋庆龄同志在她临终前发表的最后一篇文章中，热情勉励我国的少年儿童说："愿你们和小树一同成长，成长得挺拔、旺盛，经得起任何暴风雨和病虫害的考验，为创造更高的物质文明做出超越前人的巨大贡献。"我相信我国的少年儿童必将实现她的殷切期望。如果我们编印的这部《青少年版》能对成长中的少年儿童有所帮助，多少发挥一点作用，我们就十分满足了。

我们热切地盼望能得到各位编委同志的帮助。谢谢大家。

1992 年 5 月 8 日

在《中国大百科全书（简明版）》座谈会上提出的几点意见

《中国大百科全书（简明版）》（以下称《简编》）是一年前开始筹备的。综合编辑部这一年主要抓制订框架的工作。昨天看到了学科体系表，今天又看到了各学科的框架条目表。这是你们经过对国内外各种百科全书版本的分析、研究和向许多老同志请教之后提出来的。在《中国大百科全书》第一版的编写工作还没有做出全面总结的情况下，你们要拟出《简编》框架，难度很大，现在基本完成了，做得认真、细致，有成绩。《简编》是我们第一部统编的书，你们为《中国大百科全书》的第二版做了准备工作。

《简编》的编写进度预定在 1994 年发稿，这就是说连同制订框架的时间在内一共三年。这表明你们有改革的勇气，破除了《中国大百科全书》一版长期存在的拖拉作风。但是对编辑工作的难度要有足够的估计，只要进行科学的组织管理，是可以提高效率、缩短时间和增加效益的。希望你们能摸索出一套加快编写进度的条例和制度，为改进二版的工作打下基础。

《简编》的编写队伍采取内外结合、以我为主的办法，我认为是正确的。大百科全书出版社必须依靠社外的专家，一版如此，以后也如此。但《简编》是《中国大百科全书》73 卷的缩编，以已有的成果为基础，可以主要靠我们自己编写，部分请社外专家撰稿。利用一版来编写条目，决不是简单的加减，一些需要综合的条目，其难度比自己撰写要大得多。综合编辑部要和各编辑部好好商量，挑选合格人选，定后三年不变，要把这些同志作为培训对象，成为二版的骨干。

　　讲到培训干部的问题，我想在这里谈一谈我们社现在的主要任务。首先是要筹备第二版。目前急务当然是尽快把一版出齐，各编辑部还有许多未了的工作，但二版的筹备工作必须列入日程。筹备二版首先要做好一版的编辑工作的全面总结。一版成绩是主要的，但缺点不少，不总结就不能前进，不能上新的台阶。要做总结，我讲了两年，除研究室一些同志在进行外，其他方面一直没有什么动静，我希望在座的老同志要关心和参与这个工作。其次是要充分利用我们已有的成果。别人窃取我们的成果编书，有的甚至一字不漏不改地照抄，我曾在一年多前提出要分头核查，保卫我们的著作权和版权，查出剽窃我们的出版单位，既提高《中国大百科全书》的地位，又可以取得应有的赔偿。乔木同志去年10月就提出要在一版编完二版还未动手这一间隙，充分利用我们已有的成果出书，比如出一本百科大辞典，还可以抓一些和百科全书有关系的、费力较小的辅助性的任务。我们已付出了大量的心血和资金，不充分利用，就谈不上什么经济效益。这一点也请在座的同志出主意。第三个任务是培训干部。上面提的总结一版工作和利用一版成果，都有利于培训干部。中国大百科全书出版社必须拥有自己的专业队伍。现在许多老同志离退休了，中青年干部一般缺乏编百科全书的经验，有的专业水平也不高，队伍结构出现断层。不早日解决这个问题，就难以完成二版的繁重任务。出版、发行以及行政工作也同样缺乏得力骨干。要在社内形成一种学习的风气，包括学习外语，应早日落实。第四个也是最后一个任务就是要创收。创收不仅是出书，别的方法也要用，各显神通，否则工作条件、生活条件不可能有明显的改善。没有自己的宿舍，是很难调进较强的干部的。这四项对综合编辑部也同样适用。

　　现在我再谈一谈《简编》的编辑方针。这个问题我过去谈过一些，如各种比例和读者对象等，今天不再重复。《简编》是在出版界激烈的竞争中出台的，《简明不列颠百科全书》已卖了十几万部，其他各种辞典、百科全书多如牛毛。在这种情况下《简编》要独树一帜，占有优势，非有突出的特色不可，光靠大百科全书出版社的招牌不行，弄得不好，反而把招牌砸了。

　　《简编》是1991年开始筹办，争取1994年发稿，1995年开始出版。这是一个什么样的时期？这正好是三年调整工作基本结束，社会主义建设实施"八五"计划和争取提前完成第二步发展战略目标的时期，尤其是在邓小平同志南巡讲话发表后，全国改革开放浪潮汹涌澎湃，党的十四大就要召开的时期。这是继民主革命时期遵义会议实现中国历史上第一个飞跃之后，全国进入第二个历史性飞跃的时期。中国社会主义现代化建设进入了关键的阶段，从此开辟了到本世纪末、下世纪中中国社会主义建设突飞猛进的时期。《简编》要反映、迎接这一新的形势，紧紧跟上这伟大的社会实践，以"一个中心两个基本点"作为我们编写工作的基本方针，把介绍、沟通有关经济建设和改革开放的知识作为《简编》的主要任务。《中国大百科全书》一版中与此有关的一些条目如"计划经济""市场经济""所有制""国营企业"等等，《简编》都要按新的政策改写。中国地理部分要增加许多新的条目，文化、教育以及民主法制的一些条目也要改写，环境科学框架中没有今年在巴西举行的国际环境会议，也要增补。一句话，就是要紧紧抓住"一个中心两个基本点"，把与新时期、新情况有关的新知识的传播作为《简编》的主要任务。其他的条目，可能占70%～80%，可利用一版的材料编写，少数在事实和数字方面作些补充修正就可以。这样，《简编》就有了它的特色，就有了新的内容，而这正是我们应尽的责任，也是我们的读者所需要的。

　　今天会上提到人物上书的问题，这一点值得注意。一版有的卷很严，少数卷则很宽，《简编》要从严。有关台、港、澳的内容要特别注意。刚才提到清华大学，台湾也有一个清华大学，要不要写？我个人认为应当写。民族问题和宗教问题也要严格掌握政策，没有把握要送审请示。所有这些归结为一句话，就是《简编》要千方百计保证质量，要紧紧抓住随着改革开放出现的新思潮和新知识，认真贯彻中央的路线、方针和政策，把书编好。

至于《简编》的卷数、字数，10 卷 2000 万字是它的上限。我看不要满打满算，要精练，能减为 7 卷就出 7 卷，够 8 卷就出 8 卷，不求整数。我提议不附彩图，但争取用套色印一些图表。

总之，《中国大百科全书》一版各方面存在的一些老框框要破除，要解放思想，革新观念，迎接新的形势。

上面的意见，供大家讨论时参考。

1992 年 9 月 3 日

有关《中国性科学百科全书》的几个问题
——在《中国性科学百科全书》专家座谈会上的发言

　　首先要感谢吴老[1]和在座的各位同志在这么热的天气里来参加这个座谈会。中国大百科全书出版社打算编辑出版一部《中国性科学百科全书》，这在中国还是第一次。我们在搞这部辞书的总体设计时，曾参考国外的有关出版物，但还有一些问题需要向各位请教。现在我先就有关的情况和问题简单说几句，作为开场白。

　　《中国大百科全书》去年已出齐了。下一步我们打算编《全书》的简编本和筹备《全书》的第二版，我们还着手编一些专业百科全书，如《能源百科全书》《材料百科全书》等好几种。目前有的已经发排了。同时还在编一些地区百科全书，其中《黑龙江百科全书》《潮汕百科全书》都已出版。在专业百科全书中，我们还计划编一部《中国性科学百科全书》。我们的先辈几千年来一直反对搞公开的性教育，人们，特别是青年人由于缺乏这方面的知识，产生了很多不幸和悲剧。过去一些进步的科学家、思想家是很反对不搞公开的性教育的。例如谭嗣同，他就主张要"冲破人伦的网罗"，但孤掌难鸣，效果不大。

　　解放后，我们党和政府很重视开展性教育，周总理曾多次强调性教育的重要性。但在"左"的政策指导下，社会学、政治学，以及性学都被当作资产阶级的东西，没有得到应有的重视。改革开放以后情况好了一些，出了不少有关性科学方面的书。其中有些是好的，但有些是不联系本国情况，只转述西方的观点。现在我们还没有一部比较全面系统的

---

[1] 吴阶平，《中国性科学百科全书》编委会主任。

介绍性科学知识的书。我们考虑到性学与生理学、心理学、社会学、法学、医学等都有密切的关系，与健康、保健、计划生育等方面也有密切的关系，涉及多方面的知识，用百科全书的形式来介绍比较合适。因此，我们决心填补这个空档，计划出版一部性科学百科全书。我们征求了吴老和一些专家的意见，大家都很赞成。今年二月我们给新闻出版署写了个报告，新闻出版署表示同意，并强调要"确保该书的质量和严肃性"。

决定编这部辞书以后，我们就向吴老请教。吴老对这个问题很重视，希望能开个会，请有关的专家、学者一起来探讨。他认为有些问题经过讨论，思想一致了，编这本书就有了比较好的思想基础。这样，今天我们就召开这个会，并请吴老发表重要讲话。

要编性学百科全书先要解决编辑方针的问题。我想简单谈谈我们的想法。首先是在确定这部辞书的主要内容和读者对象时，是不是应该有它的重点？性科学与每一个人都有关系，跟每个人的每个年龄段，从婴儿、儿童、少年、青年一直到老年，都有关系。为了健康，为了家庭的美满和社会的和谐，每个人都应该懂得性知识。但是我们在编写这一部性科学百科全书时，对各个年龄段的读者是同等对待，还是应该有个重点呢？是不是可以把对青年人和青春期的性知识的介绍作为本书重点呢？这是要向大家请教的问题。在人的一生中，青春期正是生理上发育的阶段，同时又是一个人的科学文化水平，以及思想、道德品质提高和发展成长的关键阶段。青春期一般指的是十一二岁到十七八岁时期，也就是少年、青年的阶段。这些人最渴望、最需要了解性的知识，而这些人也正是性教育和性科学研究的主要对象。因此可否把正处于青春期的男女作为我们这部辞书的主要读者对象？把青春期的性知识作为我们这部辞书的重点呢？我们知道，有些人不同意把青年人作为主要读者对象，认为这部辞书主要是为家长、教师等准备的，认为性科学是把研究人的性活动、性行为作为主要课题，青年人对性行为有神秘感，又有好奇心，他们对性生活存在一个探索的过程，他们看了这部书会产生模仿的念头，从而引起一些消极作用。这是一种意见。但是对一部公开发行的出版物要像电影院那样明确地划定一个界限，规定那些人可以看，那些人不可以看，恐怕不太可能。即使像电影院那样做了规定，也时常很难做到。不过，在编写这部辞书的过程中怎样加强正确的引导，避免产生消极作用，确实是一个值得注意的问题。

　　第二个问题就是在传播性科学知识的过程中，怎样保持它的严肃性的问题。过去曾经抑制和禁止性知识的传播，现在又出现一批以性为诱饵的黄色书刊，这些都是我们坚决反对的。性科学知识的研究和传播与其他科学知识一样是正常的，是客观的需要。科学本身是严肃的。科学地研究、阐释人的性生活、性心理、性行为等知识本身是严肃的，不能因为谈到性而说它不严肃，那是不对的。《中国性科学百科全书》介绍性科学的知识应是客观的和准确的，是不带感情色彩的，也不做具体的描写。但是对有些题目，譬如同性恋，它在美国很流行，甚至有人主张在法律上规定它的合法性，我们应该怎样对待这个问题呢？在作为知识加以介绍时是不是应该有分寸，注意它可能产生的影响呢？我想我们应该从实际出发，要符合我国国情，对这个题目只是点到为止，采取既不宣扬，也不反对的态度。这也就是说，在介绍性知识的过程中我们要采取有区别、有分寸的态度。这个意见是否恰当，也请各位讨论一下。

　　第三个问题，我们在介绍性知识过程中要不要加以引导？作为百科全书的编纂者，我们的任务是客观地介绍性知识。客观介绍和引导是否矛盾？我看并不。获得知识是为确立行为的准则，介绍有关的性知识应帮助读者在处理性行为的时候能够采取正确的态度。譬如介绍遗精、月经等知识，一方面说明这是个生理现象，另一方面要解脱青少年对这个问题由于无知而引起的思想负担。这也算是一种引导。另外如恋爱的问题，要帮助恋人之间调节、控制自己的感情，懂得在两性的行为当中要有一个行为的规范，不要因为一时冲动而犯错误。性行为中有不少因为无知而引起了不愉快甚至不幸。《中国性科学百科全书》在这些方面应当给以必要的和正确的引导，使得他们在处理这些问题时有信心又有自由，不致犯错误。这个想法是否妥当，也向各位请教。

最后还有一个问题，就是关于性道德教育的问题。改革开放以后，西方资产阶级的思想意识、生活方式影响了相当一部分意志薄弱、思想糊涂的人，特别是年轻人。利己主义、拜金主义，以及放荡的色情生活毒害了相当的一些人。黄色书刊屡禁不止，娼妓重新出现，"三陪"泛滥，艾滋病也开始传播，这些不正常的现象给我们这本书的编辑工作提出了新的问题。比如未婚同居，这在西方是比较普遍的，我们对这个问题应该采取什么态度呢？是不是只作客观介绍就行了呢？我认为我们要有一个基本态度。我国宪法第 48 条规定男女平等，第 49 条规定婚姻家庭受国家的保护，禁止破坏婚姻自由，婚姻法一开头就确定了我国一夫一妻的婚姻制度，谈到非婚子女应由男方教养。我们不要撇开法律来宣扬什么，提倡什么。性活动是很复杂的人际关系，如果没有一个基准，没有一种道德行为标准，那是很难设想的。性科学是个很敏感的学科，我们的性知识介绍应该从中国的国情出发，有关性知识的介绍应当和性道德的教育同步进行，这也是我们提倡精神文明的一种表现。

前面我提到的几个问题是一时想到的，可能还有些重要的问题没有想到，有些看法可能不全面、不妥当，希望大家能够充分发表意见。然后我们请吴老作重要讲话。会上发的编辑工作计划是初步意见，主要谈这部书的规模和进度，大家有什么意见都可以谈，以便会后修改。

这是个简单的开场白，作为讨论的引子。

1994 年 6 月 5 日

在地区百科全书座谈会上的讲话[1]

欢迎各位参加这次座谈会。

这次座谈会将着重讨论有关编辑出版地区百科全书（主要是省、自治区、直辖市的百科全书）的问题。1985年中国大百科全书出版社在拟定长远发展规划时就曾提出，在《中国大百科全书》编辑任务完成过半时，应筹备专业百科全书和地区百科全书的编辑出版工作。1989年我们根据当时社内外的情况，给新闻出版署写了《有关编纂出版省、区、市百科全书的报告》，并附草拟的地区百科全书的体例草案。1990年2月，新闻出版署认为这是个好建议，要我们召开一次由各省或部分省有关同志参加的会议，在进行充分的和深入的讨论后再写报告。当时乔木同志说，大百科全书出版社应集中精力完成《中国大百科全书》的编辑工作。各省、市百科全书很重要，质量要求高，有的省、市已决定出版，这很好，但多数省、市何时编写出版，应由当地党、政领导决定。这样，我们为了加快在编各卷的进程，原来的设想就暂时搁下来了。今年年初，《中国大百科全书》的编辑工作已经基本完成，大百科出版社在报送"八五计划"和"十年规划"时，为促进地区百科全书的编辑出版工作，再次把它列入"八五计划"和"十年规划"。新闻出版署领导很关注这一工作，委托我们召开这次座谈会，以便听取各位的意见。这次座谈会结束后，我们将根据座谈讨论结果写出报告。

---

[1] 本文原载于《中国地区百科全书·工作通讯》1992年第1期。

在这次座谈会上，我们建议着重讨论三个问题，下面是我们的初步意见，供各位讨论时参考。

关于出版地区百科全书的必要性问题

在我国出版事业"八五计划"和"十年规划"中增列编辑出版地区百科全书，主要是省、区、市和一部分重点城市的百科全书这一项目，是否有必要和可能呢？这是本次座谈会要探讨的主要问题。

百科全书是人类知识的总汇，是便于检索的知识性工具书。1978年在党中央批准国家出版局、中国科学院、中国社会科学院关于编辑出版《中国大百科全书》的报告后，国务院曾通知各省、区、市和国务院各部委说："编辑出版《中国大百科全书》是发展我国科学文化事业的一项基本建设，对于传播马克思列宁主义、毛泽东思想，全面地、系统地介绍古今中外文化科学知识，提高整个中华民族的科学文化水平，实现我国的四个现代化，具有重要意义。请你们给予积极的支持和协助。"《中国大百科全书》和地区百科全书包含内容不同，但性质相同。地区百科全书是发展地区科学文化事业的一项基本建设，因此，国务院批示指出编辑出版全国性的中国大百科全书的重要意义，同样适用于地区百科全书。

《中国大百科全书》的内容虽然包括全国，但它不可能代替地区百科全书。我国地域大，历史悠久，行政区划相互间差异很大，而且每一省、市，论幅员与人口都不亚于世界上大多数国家。要概述地区历史、反映地区成就等基本知识，只能主要依靠地区的百科全书。世界上不少国家除出版综合性百科全书外，都出版地区或城市的百科全书，苏联各加盟共和国就都出版它们各自的百科全书。

现在各省、市正在进行史无前例的物质文明和精神文明建设。编辑出版一部比较详尽的介绍本地区的历史、地理、经济、政治、文化、民族、风俗、名胜等基本知识的百科全书，对推动地区的两个文明建设很有必要。它可以帮助本地区的读者了解本地区的历史、现状和一般地情，成为学习和工作不可少的工具书，同时又是向本地广大群众开展乡土教育、爱国教育、革命传统教育以及社会主义教育的教科书。对于外省以及外国的读者来说，它又可以发挥介绍、沟通、引导和吸引的作用，成为双方增进了解、扩大接触和加强联系与交流的工具。实行改革、开放的方针，需要采取各项措施，让外界能充分了解本地区的各种情况。出版一本图文并茂、简明扼要的地区百科全书，可以基本满足这一需要。目前国内外许多城市，为发展旅游事业出版了许多图书就是一个旁证。可以说，编辑出版本地区的百科全书，是该地区社会主义建设事业达到一个新水平的具体标志。

编辑出版地区百科全书列入出版事业的"八五计划"和"十年规划"，不仅有必要，而且也有可能。现在全国各地区都拥有大量的可以编写地区百科全书的资料，又有一支已有相当经验的研究、编辑队伍。多数省、市已完成了编纂《当代中国》省、市卷的任务，编写省、市地方志的工作也进行了多年。到1991年3月，已出版的省志、专业志达73部，市（地）志及其专业志共53部，县志已出版332部，还有更多的地方志正在编印中。各地区积累的资料、取得的经验、研究的成果，以及组织起来的许多专家和培训出来的一大批专业干部，都为编写地区百科全书提供了十分有利的条件。但是，编写地区百科全书仍是一项艰巨、复杂、难度很大的工程。即将出版的黑龙江卷，正在编写的广东卷和广州、潮汕等城市卷的实践证明了这一点。

这里需要回答一个问题：既然有了《当代中国》省、市卷和省、市的地方志，是否有必要再出版地区百科全书？我们认为，这三种著作有其共同点，即都以一个地区为范围，地方特色是三者的生命力所在。但三者又有区别，各有其独特之处，各自发挥不同的作用。地方志是地区性资料的综合著述。乔木同志说过，"地方志是一部朴实的、严谨的、科学的资料汇集"。历代修志都是汇集有关资料以达到"资政、教化、存史"的目的。江泽民同志为奉贤县志的题词就是"鉴古知今,信今传古"。《当代中国》省、市卷另有它的作用,这从它的总序言中可以看出:"我们决定把三十多年来的历史经验,分门别类,加以总结,编纂成书","它的主要任务是反映本地的发展的历史和所取得的伟大成就,全面地总结社会主义革命和建设的经验,揭示中国走社会主义道路的必然性"。《当代中国》省、市卷主要叙述已取得的成就,但着重总结经验教训,带有理论色彩,与资料汇集的地方志有所不同。地区百科全书与上述两种著作不同,它是一种便于检索的综合性、知识性的工具书。地方志与《当代中国》省、市卷都是长篇著述,百科全书简明扼要,以条目为主要叙述单元,辅以概述、大事记和索引,便于检索查阅。读者遇有问题,只要翻阅百科全书就可以很快得到解答,无须在卷帙浩繁的著作中去寻找。地区百科全书内容广泛,举凡当地的地理环境、物产资源、历史沿革、文化源流、政治演变、经济发展、社会变迁、风俗习尚、名胜古迹,以及著名人物等等无所不包,时间则上至远古,下至现代,不像地方志和《当代中国》省、市卷那样有其上限和下限。它客观地铺陈事实,不发议论,寓结论于事实之中。因此,它不可能像地方志和《当代中国》省、市卷那样,直接发挥司马光在《资治通鉴》中所说的"鉴前世之兴衰,考当今之得失"的作用。总之,这三种书各有所长,但并不互相排斥,可分别满足不同需求、不同兴趣的读者的需求。1986年江泽民同志曾对修志工作作出评价说:"编纂社会主义新方志是两个文明建设的组成部分,是社会主义文化建设的系统工程,是承上启下、继往开来、服务当代、有益后世的千秋大业。"我想,这个评价,对于地区百科全书和《当代中国》省、市卷也是适用的。

根据上述,我们认为编辑出版地区百科全书可以列入出版事业的"八五计划"和"十年规划"。但各地区什么时候编辑出版,应由地区党政领导根据当地具体情况决定。

关于地区百科全书的编辑条例问题

在决定编辑出版地区百科全书之后，接着必须探讨的另一个问题是编辑条例问题。百科全书是严谨的、系统的、科学的工具书，它涉及的方面广，参加编写的人多，没有严格的、周密的条例作为在编写工作中共同遵守的准绳，就不能保证工作的顺利进行，更不能保证它的质量。正如古语所说："不以规矩，不能成方圆。"地区百科全书将分别出版几十卷，更需要一个统一的条例，否则每个地区都各搞一套，就难以形成一个完整统一的系列，并将削弱它的社会效益。当然，条例的规定决不应影响各地区百科全书具有的地方特色和风格，以及内容的丰富多彩。

根据几年来在实践中摸索到的一些经验，我们拟出了一个编辑条例草案，提请大家讨论。有些不属于条例，但在贯彻执行条例时应当认真对待的问题，希望各位也能加以注意，一并讨论。

关于全书各门类的比例问题。一个地区的历史和现状本身是一个整体，百科全书在编写过程中不得不把整体加以分解，分成若干门类，每一门类又进一步分解成若干条目，而条目本身是独立的。为了让读者不仅看见树木，同时还能看到森林，条例提出要设立概论和参见系统。但这还不够，在制订全书框架时还要精心设计，使各门类的比例适当合理，同时又要注意表现各门类间的相互联系，使读者能登堂入室，又能触类旁通，扩大视野，窥见全貌，在认识和研究方面起桥梁作用。

在编写地区百科全书和执行编写条例的全过程中，要严把质量关。地区百科全书的价值在于它的质量，质量是地区百科全书的生命。质量有一定的客观标准，它是综合水平的体现，从内容到形式，从制订框架、设立条目，一直到撰写、选图、造表、校阅、终审、编印、校对、装订等各环节都要抓质量。要把质量放在第一位，把它作为一个核心问题，贯彻于编印工作的全过程。质量问题是一个关系到能否帮助读者正确了解地区情况的问题，也是一个关系到地区党政领导声誉的问题。

为了保证质量，首先要强调坚持正确的指导思想，要把马克思列宁主义、毛泽东思想与编写工作的实际密切结合。在编写过程中我们面对的是非常伟大、非常错综复杂的历史和现实，尽管我们有党的决定和文件作为我们辨别是非的准绳，但还有许多问题需要我们自己加强调查研究，理清来龙去脉，作出符合实际的判断。只有采取慎重态度，坚持从实际出发，实事求是地进行细致分析，才不至于犯错误。编写工作要严格，要认真对待编写过程中出现的每一环节、每一课题，引用的每一个资料要绝对真实。终审是保证质量很重要的一道工序，但决不能光靠终审，要自始至终树立质量意识，并把保证政治质量放在第一位。总之，在编写过程中，既要加强思想领导，又要有一套具体的保证质量的措施。

关于地区百科全书
和中国大百科全书出版社的关系问题

中国大百科全书出版社是编印百科全书的国家专业出版社。地区百科全书（这里主要指省、区、市的百科全书）是百科全书系列化的重要组成部分。我们希望这套百科全书能根据统一的体例编写，使内容能基本划一。这也是召开这一次座谈会的目的之一。百科全书是一种严谨的、科学的工具书，它的编写方法和一般著作完全不同，缺乏经验的编写人员比较难以掌握。各地区在编写过程中，如需要大百科全书出版社协助的，我们义不容辞，自应竭诚合作。但是它的编写工作必须在当地党政领导下进行。党政直接领导是百科全书的属性决定的。它不是个人的著作，而是当地有代表性的出版物，只有领导亲自掌舵，它才具有权威性。当地党政领导的重视是保证百科全书质量的关键。

　　关于地区百科全书的出版发行问题，中国大百科全书出版社愿意也有能力承担这一工作。我们是一个事业单位，它的经费由国家提供，为促成地区百科全书的早日出版，我们愿意与各省、区、市密切合作，只求不亏损，决不以获利为目的。在双方确定合作后，可订立书面协议。

　　以上三点初步意见，供大家讨论时参考。

1991 年 5 月 22 日

中国地区百科全书编撰研讨会
开幕词〔1〕

　　各位期待已久的中国地区百科全书编撰研讨会现在开会了。首先我们要向关怀这次会议的广东省、广州市领导和为筹备这次会议而付出大量劳动的广东社会科学院和广州社会科学院的同志们表示衷心的感谢（此次会议在广州举行——编者）。这次会议的召开，表明我国地区百科全书事业在经过二三年的探索和试点，积累了相当丰富的经验之后，现在已进入发展时期。我相信在党的十四大精神的鼓舞和指引下，今天参加会议的各省、区、市编撰地区百科全书的工作将先后展开。所以这次研讨会是一个很有现实意义的专业会议。

　　编撰地区百科全书的计划是经过近几年的酝酿才提出来的。地区百科全书同《中国大百科全书》都是同一性质的工具书，两者关系很密切，可以说，前者是以后者为基础发展起来的。《中国大百科全书》是改革开放和现代化建设的产物，它是十一届三中全会以后在我国出现的新事物。全国解放以后近三十年，曾几次打算出版自己的百科全书，但都因条件不成熟没有实现。1978 年冬，胡乔木同志向邓小平同志汇报出版大百科全书的设想，小平同志当即表示赞同，并且说要早一点动手，要趁老一辈的科学家还健在的时候开始编写。不久，国家出版局、中国科学院和中国社会科学院关于编辑出版《中国大百科全书》的报告就经中央批准，国务院随后通知各省、区、市和各部委对《中国大百科全书》的编写工作要给予积极的支持和协助。现在，经过了 14 年的辛

〔1〕本文原载于《中国地区百科全书·工作通讯》1992年第4期。

勤努力，在全国2万多名专家、学者积极参加编写之下，全书74卷（约2亿字）除索引一卷外，已经编完，明年即可全部出齐。没有党中央的关怀和各有关部门、各科研单位的支持，没有改革开放，《中国大百科全书》要保质保量在15年时间内出齐是不可能的。台湾出版界对全书的评价很高，他们说"《中国大百科全书》具有国际水准""中国大陆规划、出版此书的气魄不能不令人叹服"。

百科全书是人类知识的总汇，它全面概括科学、文化知识，以利于研究、参考和传播。马克思曾多次提到百科全书，认为它是"有价值的基础参考书"，列宁也说它是"提供参考材料的工具书"。他们都曾为一些百科全书写过条目。百科全书按其性质可分为三类：一是综合性百科全书，《中国大百科全书》属于这一类，它是迄今全国唯一的一部。二是专科性百科全书，如《医学百科全书》《农业百科全书》等等。80年代后，国内专科百科全书已大量出版。三是地区百科全书，国际上有按洲、按国、按省市分编的几种。我们的地区百科全书属于这一类。中国大百科全书出版社1985年因大百科全书编写工作已完成过半，曾提出编写我国省、区、市百科全书计划的建议，但大百科全书总编委会认为出版社应集中精力尽早编好《中国大百科全书》，因此原计划暂时被搁置。1988年我们才开始地区百科全书的编写试点工作，首先协助黑龙江省编写了该省的百科全书。1989年，广东等几个省、市有关单位表示，由于当地党委领导同志很重视他们的建议，他们将着手开始编写工作。这样我们就把编写地区百科全书列入"八五计划"和"十年规划"。为促成这项工作，1991年5月，我们受新闻出版署的委托，邀请黑龙江、广东、广西、天津、上海、贵州、四川、湖南、湖北、云南、新疆、青海、辽宁以及广州市有关单位的负责同志开了个座谈会，研究有关出版地区百科全书的情况和问题，并在同年6月给新闻出版署写了报告，提出编写地区百科全书的五点意见。新闻出版署同意了我们的意见。胡乔木同志对编写地区百科全书一事也表示同意，他说："中国大百科全书出版社应一些省、区、市提出的要求进行指导，这是正常的、有益的、正确的。希望你们照常进行这项工作。"这样编写地区百科全书的工作被列入日程。考虑到这是一个新的领域，编写工作的难度很大，为了使这一工作今后能顺利开展，我们认为在全面铺开以前，应集中精力，抓好试点，也就是和先走一步的广东省和广州市、汕头市协作，开始编写以取得经验，然后加以总结再行推广。今天我们召开的这个研讨会，比 1991 年 5 月在北京召开的座谈会前进了一大步，已经由务虚转到务实，通过编撰业务的研讨，将为下一步开展地区百科全书的编写出版工作铺平道路。

世界上许多发达国家都有它们的地区（包括城市）百科全书，并且拥有众多的读者。我国 1000 多年来一直有出版方志（地方志）的传统，但编辑出版地区百科全书则是新生事物，它的重要性还没有被广泛认识。我们在编写地区百科全书的全过程中，要积极宣传这一出版物的重要意义和社会作用，使它在出版前后都能得到全社会各个方面的重视和支持。

1978 年冬，国务院在给各省、区、市和各部委的通知中明确指出："编辑出版《中国大百科全书》是发展我国科学文化事业的一项基本建设，对于传播马克思主义、毛泽东思想，全面地、系统地介绍古今中外文化科学知识，提高整个中华民族的科学文化水平，实现我国的四个现代化具有重要意义。"《中国大百科全书》和地区百科全书涵盖的内容不同，但性质相同，因此国务院通知中关于编写大百科全书的重要意义和所属各单位对编写工作应给予积极的支持和协助这一精神同样适用于地区百科全书。《中国大百科全书》是不可能代替我国的地区百科全书的。我国地域广大，人口众多，历史悠久，行政区划相互间的差异很大，而且每一省、区、市，按幅员与人口，都较世界上大多数国家为大为多，要系统全面概述每个地区的历史、现状、科学文化知识，只能借助于地区自行编写的百科全书。地区百科全书是我国百科全书系列的一个重要组成部分。

地区百科全书是一种系统地全面地概括一个地区的历史、现状和有关的科学文化知识，同时又便于检索、查阅的工具书和参考书，它比较详尽地阐述本地区的地理环境、物产资源、历史沿革、文化源流、政治演变、经济发展、民族组成、社会变迁、风俗习尚、名胜古迹、名优特产等基本知识。它有多方面的功能。首先，它通过概述、各种条目和图表、大事记以及索引等准确反映当地的历史和现实，帮助读者了解省情、市情，并当他们在工作和学习过程中发现疑难问题时，可以通过检索得到准确的解答。正如他们日常遇到不懂的字、词，通过查阅字典、词典可以得到解答一样。其次，它是一本向广大群众进行乡土教育、爱国教育、革命传统教育和社会主义思想教育的教科书，可以提高人民的综合素质，增强民族自尊、自信和自强精神。再次，对于外省、市以及外国的读者来说，它又可以发挥介绍、沟通、引导和吸引的作用，成为双方增进了解，扩大接触和加强联系与交流的工具书。编辑出版地区百科全书是地区精神文明建设的一个项目，它为经济建设和改革开放提供精神动力和智力支持，是该地区社会主义建设事业达到比较高的发展水平的具体标志。

把编撰出版地区百科全书列入我国出版事业的"八五计划"和"十年规划"，不仅是必要的，而且是可能的。全国解放以后，各省、区、市为准确认识客观现实，摸清摸准当地情况，以作为制定政策和发展战略的依据，曾进行了长期的和大规模的调查研究工作，对过去的重要文献也进行了搜集和清理，因而都拥有大量的文献和资料，并先后出版了许多反映和总结省情、市情的出版物。各省、区、市还拥有一支有经验有水平的研究、编辑队伍，不少省、区、市已出版了地方志、年鉴、手册、《当代中国》的有关卷和其他出版物。各省、区、市积累的资料，研究的成果，取得的经验，以及已组织起来的研究机构、专家学者和大批专业干部，这些都是编撰地区百科全书的十分有利的条件。现在，党的十四大号召全国，要在国家统一规划指导下，充分发挥各地优势和中心城市作用，加快地区经济发展，形成各具特色的区域经济，以促进地区经济的合理布局和健康发展。这一新的形势更为地区百科全书开辟了新的天地，使我们可以大有作为。但是由于各省、市的情况不同，我们不应一拥而上，什么时候编写、出版地区百科全书，应由当地党政领导根据当地情况决定。上面说的都是我们的有利条件。但是，这只是问题的一个方面，一个重要的方面。我们还应当指出，在另一方面，也就是我们这次会议要着重研讨的编撰业务方面，还存在不少复杂而又烦难的问题需要解决。编写地区百科全书是一项艰巨、复杂、难度很大的系统工程，对此我们要有足够的思想准备，要重视它并采取必要的措施。

地区百科全书在编辑业务方面存在的问题相当多，我现在只提出四个方面的问题，做个引子，提请各位讨论。我社林盛然同志、孙关龙同志长期负责地区百科工作，而负责主持广东和广州百科全书工作的张磊和许宁英同志、王昭儒和黄超美同志以及广西社会科学院的王斌同志都是经验丰富的，我想他们都会有很好的意见发表。我希望经过这次会议充分讨论后能取得共识，决定对策，为今后工作的开展铺平道路。下面我就谈谈有关编写地区百科全书的四个问题。

（一）结构问题

结构是指全书的整体设计。根据我们多年的经验，要编写一部相当规模（大约 100 万字到 150 万字）的百科全书，首先要解决它的结构，也就是它所容纳的各个部分的搭配和排列的问题。用我们现在惯用的说法，就是要拟定好它的框架。为此，必须着重解决三个问题：一是要确定各部分相互间的比例（如政治、历史、地理、经济、民族等条目所占的比例）和每一部分内部的层次。二是要突出本地区的特征。每个地区都有它自己的特殊情况，是否充分体现了这一点是地区百科全书成败的关键。三要通过各种方式（如图表、索引、参见）充分发挥作为工具书易于检索的优势。确定结构的蓝图一般要经过反复多次的修改。为了保证地区百科全书的质量和编写工作的效率，要充分重视这一工作，对它的难度要有足够的估计。

（二）条目问题

条目是全书的基本单元。一部工具书是否具有权威，主要决定于它的框架是否完善和条目的质量。条目的释文应当是严谨的、合乎规范的，层次是分明的。它涉及的事实是准确的，它引用的数字是经过核对的，它的内容尽可能避免与其他条目交叉、重复。它的文体是简明的，写条目不是做文章，不应随意发挥。许多学者没有掌握地区百科全书条目的文体，他们的稿件往往要反复修改多次才能定稿。还有一点，作为一种工具书，我们的政治倾向是鲜明的，但我们着重述说事实，不发议论。寓结论于事实之中，这是编写工具书时一般应遵循的原则。

（三）队伍问题

百科全书的编纂不是靠少数人或是几个有关单位能够完成的。它从来都是众多的专家学者长期合作的产物。《中国大百科全书》就是通过几百个部委、院校和研究机构，由全国近 2 万多名专家学者合作编出来的。编辑部的主要职责是组织、编辑和加工。地区百科全书的编辑工作要依靠一支庞大的队伍来完成，为此要取得三个方面的支持：一是省委的领导；二是全地区省属各有关机构、团体、院校和专家学者的合作；三是省属各专区、市、县的支持。有时还可能要地区外的机构或学者给予帮助。只有群策群力，团结协作，处理好各方面关系，克服许多的困难，才能完成这一项社会主义文化建设的系统工程。

（四）领导问题

当地党政领导的重视和支持，是编写好地区百科全书的基本前提。重大方针的确定，各种写作力量的调配，经费的筹集，特别是一些重要条目的审定，只有在当地党委的领导下才能得到解决。党的领导是地区百科全书权威性的保证。还有一点，负责地区百科全书编写工作的组织应当有一个可靠的挂靠单位，这在开始工作的时候就应当定下来。

上面是我想到的有关地区百科全书编写工作需要解决的四个主要问题。很可能不准确、不全面，请同志们讨论、补充、改正。现在出版一本地区百科全书，一般从开始筹办直到出版问世要三四年时间，如果我们在总结已有经验之后，能确定必要的方针和规章制度，就可以少走弯路，提高效率和加快进度。

最后我想强调地区百科的质量问题。在编写地区百科全书的过程中，我们必须始终严把质量关。地区百科全书的价值在于它的质量，质量是它的生命。质量有一定的客观标准，它是一种综合性的表现，从内容到形式，从制订框架、设立条目，直到撰写、选图、造表、统编、终审、装帧设计、排印、校对、装订等各个环节都要狠抓质量，一个环节出现失误，整个成果都要受到损害。要把确保质量作为整个工作的核心问题，把它放在第一位，贯彻于编印工作的全过程。

为了确保质量，首先要坚持正确的指导思想，要把马克思主义、毛泽东思想和建设有中国特色社会主义的理论，与编写工作的实际密切结合起来。在编写过程中，我们面对的是非常伟大、非常错综复杂的历史和现实。尽管我们有党的决定和文件作为我们选材立论的标准和判断是非的准绳，但还有许多问题需要我们坚持从实际出发，实事求是，加强调查研究，理清来龙去脉，进行细致的分析，以便作出符合实际和政策的判断。对具体的事实和数字，都要核实，对写作过程中的每一环节，出现的每一问题，都要认真对待。终审是确保编写质量的最后也是具有决定性的一道工序，但不能光靠终审，参加编写工作的每个同志要自始至终树立质量意识，把保证质量，特别是政治质量放在首位。书的质量是一个关系地区百科全书的社会效益，甚至影响当地党政领导威信的问题。因此编辑部要有一套从各个环节保证质量的具体措施。

最后谈一谈中国大百科全书出版社与地区百科全书的关系问题。地区百科全书是百科全书系列化的重要组成部分，我们希望地区百科全书能按统一的体例来编写，使内容基本划一，以免全国各地区的百科全书参差不齐，长短互见。百科全书是严谨的、科学的工具书，它的编写方法和一般的著作不同，缺乏经验的人员对这一套较难掌握。我们愿意在编辑、出版、发行各个方面提供咨询，从旁协助。但编写工作必须在当地党政负责人领导下进行，这是其他单位所不能代替的。

中国大百科全书出版社和今天参加研讨会的各个单位是一种平等的关系，我们开这个会，是为了探讨我们共同关心的问题。我谈的是个人意见，只供各位讨论时参考。

1992 年 11 月 25 日

在《广西壮族自治区百科全书》编辑工作会议上的讲话

我非常高兴参加今天的会议。我们初次见面，首先让我向各位问好！

今年年初，我听说你们正进行《广西壮族自治区百科全书》的筹备工作。现在全书框架已基本拟定，准备开始编写，这说明你们的工作效率很高。从你们印发的《编辑工作通讯》中可以看出你们的工作是扎实的，是严谨和认真的。我相信你们将会很好完成编写工作，预祝你们取得成功。地区百科全书系列是"八五"全国出版计划的重点。你们是我国五个民族自治区中首先编写出版地区百科全书的，在全国各省、市中也是动手较早的。你们取得的经验和成果必将推动其他省、区、市百科全书的编写工作。

百科全书是知识的总汇，是便于检索的知识性工具书。1978年党中央和国务院批准国家出版局、中国科学院和中国社会科学院关于编辑出版《中国大百科全书》的报告。国务院随后通知各省、区、市和国务院各部委说："编辑出版《中国大百科全书》，是发展我国科学文化事业的一项基本建设，对于传播马克思列宁主义、毛泽东思想，全面地系统地介绍古今中外的文化科学知识，提高整个中华民族的科学文化水平，实现我国的四个现代化，具有重要的意义，请你们给予积极的支持和协助。"《中国大百科全书》和地区百科全书包含的内容不同，但性质相同，因此，国务院的批示同样适用于地区百科全书，包括《广西壮族自治区百科全书》。你们各位正在进行的工作，是一项具有重要意义的基本建设，是对自治区两个文明建设的重要贡献。

《广西壮族自治区百科全书》不同于广西已有的许多地方志，也不同于《当代中国的广西》，这一点我在去年 5 月地区百科全书座谈会上已作了阐述，今天不再重复。百科全书也不同于辞典，后者只给概念和事物下定义，而百科全书在知识的广度、深度和容量方面都超过辞典，它给有求于它的读者提供比较准确、详细的答案。例如对"铜鼓"的解释，《辞源》只一百几十字，说它是一种乐器；《辞海》略为丰富一些，但都没有说明它是广西，主要是壮族人民创造的乐器。《广西壮族自治区百科全书》就应阐明迄今在广西出土和收藏的铜鼓有五百多面。它在公元前就已制作出来，左江花山崖壁画中已刻有铜鼓的图案。还应当指出铜鼓充分表明了壮族人民 2000 年前在冶炼和美术等方面已达到的惊人成就。

百科全书介绍的知识有一定的系统性。它通过条目、参见和参考书目，帮助人们从整体上掌握各方面的知识，从而提高人们对客观事物的认识，激发改造自然和社会、推动两个文明的建设。百科全书不说教、不穿靴戴帽，它的教育作用与知识传播紧密结合，它寓教育于介绍知识之中，它不只传播知识，还同时传播理想，颂扬理想。《中国大百科全书》的许多条目经常进行历史的比较，这就增强读者加快建设社会主义现代化的信心。远在唐朝，壮族人民在农业方面已取得了巨大的成就。柳宗元在《河东先生龙城录》文中就说明了当时已实行深耕、除虫、灌溉、施肥和除草，"稻粟皆再熟""种稻似湖湘"。周去非则说壮锦闻名全国，练子布则"洁白细薄""轻凉离汗"。这些都说明壮族和当地的其他各民族人民智慧、勤劳，富有创造性。壮族人民为反抗中央王朝和当地土官、流官的黑暗统治，曾发动无数次反封建反压迫的农民（农奴）起义，特别是太平天国革命，严重打击了历代封建统治。此外，还先后多次进行了反击交趾封建统治，以及倭寇和法帝国主义侵略的斗争。这些英勇的斗争推动了壮族历史的前进，并保卫了祖国的边疆。这些历史知识的传播必将激励壮族自治区各族人民进一步发扬优良传统，加快建设有中国特色社会主义的信心和决心。

　　《广西壮族自治区百科全书》的任务就是比较详尽地记述本地区的历史、地理、经济、政治、文化、民族、风俗、名胜，特别是有关当前风起云涌的现代化经济建设的基本知识，这对推动本地区的两个文明建设很有必要。首先，它可以帮助本地区的读者了解本地的历史和现状，提高他们的科学文化和思想道德水平，成为他们学习和工作必不可少的工具书，同时它又是一本教科书，凭借它可以向本地广大群众开展乡土教育、爱国教育、革命传统教育，以及社会主义教育和总路线教育，以增强民族自尊、自信和自强的精神。其次，对外省和外国的读者，它又可以发挥介绍、沟通、了解和吸引的作用，成为双方增进了解、扩大接触和加强联系与交流的工具。江泽民同志在中央民族工作会议上说："民族地区要加强同沿海地区的经济联系，加快对外开放的步伐，充分利用各种有利条件，结交新伙伴，开拓新市场。"在外引内联这一方面，广西的百科全书可以发挥重要的作用，它将帮助交流的对方，即外省、外国的人了解、熟悉广西的历史和现状。在社会交往中，我们为介绍自己，经常送给对方一张名片，而一本百科全书将是介绍本区情况的名片，有利于开展交流和加强横向经济联系。

　　广西的经济建设取得了巨大的成就，业已实现了第一个翻番的目标。在邓小平同志南方视察谈话发表后，广西的改革开放迈出了令人瞩目的步伐，现在又在加快构筑出海大通道。当铁路、水路、机场、海港和高速公路等基础设施三五年后达到一定的规模时，广西的形势将发生巨变。正如中央领导同志所说，广西成绩大、困难大、希望也大。现在党的十四大号召全国人民解放思想，实事求是，不失时机地加快经济建设步伐。我们的百科全书是在这一新的形势下开始编写的，我们要大力为经济建设服务，为广西的社会主义现代化建设再迈上一个新台阶鼓劲。我衷心预祝你们取得成功。

1993 年 10 月 19 日

在第二次地区百科全书座谈会上的发言[1]

　　这次座谈会只开了两天，几个先走一步的省、市介绍、交流了编辑工作的经验。同志们认为这个会开得及时，必将促进地区百科事业的发展。这就很好。

　　这次我们开的是座谈会，不是工作会议，我这个发言不是总结。我们双方不是上下级关系，而是工作关系。

　　地区百科全书是知识性的工具书，是两个文明建设的一个构成部分。没有一个人能通晓每一个省、市有关的全部知识和情况，地区百科全书可以帮助读者解答疑难问题，这就有利于工作和学习，也有利于与外界的交流。地区百科全书又是省、市的历史的记录，10年或15年以后，当它再版的时候，新旧一对比，就可以具体显示各省、市所取得的巨大成就，成为我们伟大祖国腾飞的一个缩影。因此，地区百科全书又是进行地情、国情教育，进行社会主义教育和爱国主义教育的教科书。我们希望大家都拿出精品来。《广东百科全书》为保证质量，一再修改，以致延期出版，这种精神是好的。

　　在这两天各位的发言中，有一个十分突出的共同的观点，就是地区百科全书得以编辑出版，关键在于当地党政负责同志的领导和支持。第一次座谈会我们就提出，地区百科全书出版不出版，先出版还是后出版，应由当地党政领导决定。凡决定不出或缓出的，就不出，就缓出，不要争。编辑地区百科全书要处理大量的矛盾和问题，从省界（全国只

〔1〕本文原载于《探讨》1995年增刊。

有海南与台湾不存在省界问题）和省内各县、市的分界的划定，从对政治运动、历史人物、民族、宗教、华侨、华人问题的政策以及军事机密等，有许多都不是编辑部能自行处理的，何况编辑工作还要组织许多领导干部和专家学者参加，未经领导点头是办不到的。在编辑过程中，如发现一些重要稿件有问题，要及时请示，否则可能犯大错误。

同志们还提到要强调地区性。地区百科全书编辑工作最重要的一条就是要充分体现地区性。千万不要一般化。比如讲一个省的教育，决不能只开列有多少大专院校和中学小学，有多少教职员工。介绍一些院校和提供一些数字，这当然需要，但不够，要有历史比较，要介绍如何解决师资和经费的困难，如何开展职业教育和扫盲工作等。《潮汕百科全书》讲周恩来，不是讲延安的周副主席和建国后的周总理，只讲1925年东征后他在潮汕的革命活动。当然也不要孤立化，只讲本地，不讲与外省左邻右舍的联系，不讲联系也就突不出特点。省与省不是彼此隔离和相互脱节的，特别在交通、贸易、文化，等等方面。还有一点，就是要有重点。有一本地区百科全书把全省几百个村子都列入条目，一个也不漏，上书的人物连副编审都列进去，这样就把重点淹没了。

地区百科全书不是条目越多越好，越短越好。不要把事物和现象分割得太琐碎，条目的处理要便于读者获取知识。《中国大百科全书》的《体育》卷，光乒乓球的条目就设了28个，5万多字。实际只几个条目，三五千字就够了。请大家考虑，可否提倡综合性条目，就是把有关的知识适当综合起来，同时把已经加以综合的，但需要进一步说明的要目，另设小条目，作为补充。这比设立许多小条目，让读者自己费工夫加以综合、串联要好些。地区百科全书的资料要准确、翔实，数量不嫌多，但要细致挑选。文字要严谨、简明，写条目绝不是做文章，不要过细的描写，不要说空话，不要渲染，不要有宣传色彩。有的同志说，有些资料和统计数字是从报上得来的，我想重要数字要请有关部门仔细核对，知识性的辞书一定要准确，不应以讹传讹。

关于框架问题。框架的制订一定要有个反复修改的过程，以避免重复、交叉和遗漏，最后还要请专家评议。磨刀不误砍柴工。在编写过程中修改框架，会造成多方面的浪费。编辑地区百科全书的班子，是编辑工作运转的枢纽，人不要多，但要有一定的业务水平和写作能力，更要有吃苦耐劳，认真负责的作风，有为百科事业献身的志向。编辑工作的机构应该有个挂靠单位，现在有的挂靠在社会科学院，有的挂靠在宣传部，有的和方志办在一起，都很好，船总要有一个码头。有的同志说，稿件要送到北京来审。中国大百科全书出版社只能在编辑业务上给予指导，内容的审定是当地省市领导和编委会的事。

地区百科全书的字数和进度由地方决定。一般说，一卷150万字（包括插图）就足够，时间二三年或三四年也够了，时间长了，会使一些资料失去时效。地区百科全书是学术著作，它不刊登广告，也不拿条目内容作交易，但像现在许多传播媒介那样，取得个别企业的自愿赞助，我个人认为是可以的。

　　　　　　　　　　　　　　　　　　　　　1995 年 10 月 20 日

在《广东百科全书》出版座谈会上的讲话

《广东百科全书》现在已经出版了。在近十年全国许多省、市编印的地区百科全书中，《广东百科全书》编写的时间最长，大器晚成；它又是直到现在编得最好的一部，质量好，内容丰富，插图和印刷相当精美。《广东百科全书》编辑委员会几年来的辛劳已结出硕果，我对此表示衷心的祝贺。

质量是百科全书的生命。《广东百科全书》编辑工作的全过程始终强调质量。全书的总体设计是质量的关键，它充分体现广东的鲜明特色和改革开放的成果。编纂委员会为制订总的蓝图，费了很大的工夫，其中人物的上书最终由省的党政领导同志研究后才决定下来。各分编的框架都曾反复修改，少的改了四五次，多的改了十次。在修改过程中有不少创新，如增添了广东取得的科技成果等，这是其他地区百科全书所没有的。

《广东百科全书》的质量还表现在它介绍的知识、资料的准确性。例如广东沿海岛屿，过去的数字很笼统，又不一致。《广东百科全书》引用了最新调查资料，即海岛面积在 500 平方米以上的共有 759 个（未含港、澳地区岛屿），这就有了定论。为了跟上形势的发展，《广东百科全书》条目的内容有两次全面更新，一次是在 1993 年，另一次是在 1995 年，这是全书编写时间延长的主要原因。就是在全书正式印刷之前，来得及增补的资料也都尽可能地添了进去，如补写了广梅汕铁路全线通车、曾生同志 11 月 20 日去世的内容。

《广东百科全书》的质量还表现在它富有鲜明的南粤特色，它设有"华侨华人"分编,"粤港澳关系"分编和"海洋"分编,就是一例。它紧密结合当前经济建设的中心任务,充分反映了三个经济特区和广东先行一步取得的改革开放的成果、经验和做法。为了便于读者的阅读和寻检,它采用两套系统和两类条目,使读者既见树木,又见森林。全书鲜明的地方特色和较强的可读性和检索性,正是《广东百科全书》编写工作创新的一个例证。

《广东百科全书》涵盖了广东的自然和社会的基本知识,既追溯了历史,又展示了现状,特别是对广东十多年来改革开放的巨大成就给予了充分的反映。这是一本全面、系统地论述有关广东知识的权威的工具书,是广东精神文明建设的重要成就。在这里,我谨向具体领导这一工作的编纂委员会和参加编写工作的一千多位专家学者表示敬意。

1996 年 6 月 2 日

附1：伟大的思想，深切的关怀
——记邓小平同志与百科全书事业

中国的百科全书事业是在邓小平同志的直接关怀下建立和发展起来的。新中国成立以后，先是出版总署，后是中宣部，都曾把出版百科全书列入规划，但因禁区太多和别的各种原因，一直未能出版。1978年十一届三中全会前夕，胡乔木同志向小平同志建议出版《中国大百科全书》，当即得到他的赞许和支持，还说要赶快动手，趁老一辈的专家学者还健在的时候把百科全书编出来。这样，就在他老人家的直接关怀下，成立了《中国大百科全书》总编辑委员会和中国大百科全书出版社，许多刚刚走出"牛棚"的老一辈专家学者听到邓小平同志要他们赶紧参加百科全书的编写工作时，都十分兴奋。他们全身心地投入工作，不顾病痛和各种困难，夜以继日，撰写有关条目。小平同志这一决定，终于抢救了许多老专家多年的研究成果，为祖国的文化增添了宝贵的财富。

十一届三中全会开辟了中国历史上的新时期，《中国大百科全书》是这个新时期的产物，是改革开放的产物。1979年春，小平同志在务虚会上提出要坚持四项基本原则，要重视基础理论的研究。他说："政治学、法学、社会学以及世界政治的研究，我们过去多年忽视了，现在需要赶快补课。"他要我们赶快组织力量，写出一批有新内容、新思想、新语言，有分量的书来填补这个空白。中国大百科全书出版社接受了这一任务，在克服了许多困难之后，终于编出了《中国大百科全书》的《法学》卷、《政治学》卷和《社会学》卷，为思想理论战线作出了空前的贡献。

　　小平同志还亲自审阅了《中国大百科全书》的一些重要条目，这就提高了《中国大百科全书》的权威性。胡乔木同志曾对"毛泽东"等重要条目作了认真的修改，并对改革百科全书文体提出了一些建议。比如他提出辞书不是一般的宣传品或论文，不要用宣传性、颂扬性的词语，不作主观的论断；释文要突出条目主体，要客观、公允、实事求是；等等。小平同志肯定了乔木同志的意见，并批示应按上述精神处理有关条目。乔木同志的建议和小平同志的批示使中国辞书界树立了实事求是的文风。《中国大百科全书》按照这种精神撰写了"陈独秀""胡适之""蒋介石""林彪"等重要条目，其影响是深远的。

　　小平同志对中国百科全书事业的关怀，还表现在他对《不列颠百科全书简编》编译出版的关怀和支持方面。他曾 3 次接见美国不列颠百科全书公司代表团，同意翻译出版简编中文版，并指出书中涉及中国的条目由中国自己编写。后来就是按小平同志的指示进行的。

1997 年 3 月 20 日

［原载《探讨》1997 年第 3 期（总第 74 期）］

附 2：八十年来家国[1]

第一部分　家庭

我于 1914 年 1 月 9 日出生于广东省潮州市。我家祖籍本在江西，父亲陈彦生早先是一个农民，太平天国时期为了躲避战乱，从江西一路驾船经由韩江逃到潮州，就在当地定居下来。后来，父亲把船卖掉，用得来的钱经营小本生意，买卖旧衣物等。不久，他和一个银匠的女儿结婚。以后不再卖旧衣服了，改为批发《申报》，一个月可以多赚些钱，但家里还是很穷。

我有一个哥哥，他小学毕业后就一面跟着父亲批发《申报》，一面在一家中药铺当会计。那时候广东有些地方已经办起了农民协会。农民协会在我们老家潮汕一带势力很大。由于受到农民运动的影响，哥哥的思想开始有些"左"倾，随后加入了共青团。哥哥有很多朋友，其中一些人是共产党员。他们利用哥哥批发《申报》的场所办了一个青年通讯社，积极宣传和报道当地的农民运动。广东农民运动的早期领导者彭湃同志对青年通讯社的印象很好，要我哥哥到他主持的岭东（广东东部）总农会协助工作。这样，我哥哥便去了岭东。他的一些共产党员朋友也先后参与了岭东农民运动，并将亲身的见闻写成报道，陆续发表。

----

〔1〕梅益口述（时年88岁），尹绮华笔录，梅京整理。"八十年来家国"一语系借用南唐后主李煜《破阵子》词的首句，只是将其中的年代数字由"四十"改"八十"。

1927 年 4 月 12 日，以蒋介石为首的国民党右派势力背叛革命，首先在上海发动政变。4 月 14 日深夜，潮州、汕头的国民党右派也跟着行动，疯狂逮捕和屠杀共产党员和革命人士。他们派人去岭东总农会抓彭湃，结果没有抓到。其实那时彭湃根本不在广东，而是正在武汉出席讨论湘鄂两省农民土地要求的土地委员会第一次扩大会议，但是广东的国民党右派对此毫无所知。他们闯进彭湃的办公室，见我哥哥待在里面，以为他就是彭湃，就把他抓走了，并且对他用了刑。直到后来弄清楚抓错了人，才把我哥哥从三楼收押主要犯人的关闭室转到楼下的普通犯人关闭室。当时，加入岭东总农会的共产党员中不少人都逃去粤北山区打游击。那些不幸被国民党捉住的人，不是被活活烧死，就是被枪毙。

第二部分　学校

我哥哥小时候读的是私塾，而我从一开始就进入潮州城南小学，接受的是新式教育。我上学晚，13 岁那年（1926 年）才在城南小学毕业，同年考上了潮州省立四中，也就是金山中学。我刚毕业，父亲就到处托人，让我当学徒或干别的差事。学校开学已经半个多月，有一天我在路上碰到小学的黄老师，他问我上哪一班，学得怎样，我说我没上学。他说："咳，太可惜了。"我回家整整哭了一晚。母亲（王氏）很难过，第二天一早给了我三块银洋，说："先交一部分，要是学校不答应，那就没办法了，家里实在拿不出钱。"我找了我哥哥的同学，正在金山中学读书的龚文河。龚带我去找校长杜国庠。杜校长那时刚接任不久。1926 年 12 月，金山中学发生了进步师生驱逐反动校长黎贯的风潮，杜国庠奉时任国民革命军东征军总政治部主任周恩来之命，接替黎贯出任金中校长。杜校长摸着我的头说："以后要是期考在前三名，免你的学费。"我在城南小学的老师洪应塑的妹妹洪芳娉，替我借了别人学过的课本，就这样我又上学了。杜校长照顾我，可能和龚文河的恳切说情有关，他当时已是中共党员，是金山中学的活动分子和高材生。国民党"四一二"叛变之后，他在凤凰山搞武装斗争，被国民党活活烧死。杜校长那时也在被通缉之列，幸亏事前得到一位工友报信，得以及早转移，隐居乡间，以后辗转经由海丰前往香港。一直到今天，我始终深情地感激这几位热心帮助过我的亲人，是他们改变了一个本该当学徒之人的生活道路。

上学之后，我很用功，课外还读了不少书刊，从郭沫若的《女神》、蒋光赤（慈）的《少年漂泊者》到冰心和泰戈尔的诗集；还读了《三国演义》和周佛海的《三民主义之理论的体系》。我还经常到青年书店看《洪水》《拓荒者》等进步刊物。我哥哥被捕、龚文河牺牲及杜校长出走，都给我很大的刺激，使我产生了离开潮州这个城市的愿望。

高一下学期，班里有三位同学要到上海上大学，要我一起去，他们都说可以帮助我。我们四个人一起到了上海，买了假文凭，考进了由胡适和马君武先后当校长的中国公学。但是我不但交不起学费，连吃饭也没钱，深秋时候又害了伤寒。当时在中国公学读书的洪应堃老师给我找到回城南小学教书的机会，另一位做纸张生意的郑雪痕先生给了我30元。这样，我又回到了潮州。

城南小学的黄学良校长让我当五、六年级的语文教员，月薪27元，这钱大多交给母亲。可我还是渴望进大学。这样我教了一年半书，积存了130元，便在1930年7、8月间独自由家乡潮安经过上海到达北平，住在我在城南小学的同事王伟卿（也可能叫王伟君）老师的儿子、当时正在中国大学读书的王士英的"第二宿舍"里。

很快，我通过王士英的介绍，认识了住在同一宿舍的中国大学学生林仰山（即林林），又通过林仰山认识了郑国书等一批闽南青年。当时他们正在研究闽南语拉丁化的拼音方案。我虽然不懂，却怀着很大的兴趣向他们学习。在这期间，林仰山还介绍我同一位朴姓的朝鲜医生相识。

我没有进中国大学，但在那里听了一些课，主要是马哲民、侯外庐讲的。

大约在这一年的 10 月，我进了张我军在中国大学的日语补习班，但因为学费太高，只听了不到一个月的课便退出了，改为自学。

这一年的 12 月，我在师大听了鲁迅先生的演讲。他是在大操场上站在方桌上讲的。我在会场上遇到了同乡陈辛人。

从 1933 年寒假开始，中国大学不让我在"第二宿舍"继续住下去，把我赶了出来，我便搬到宣武门外丞相胡同的潮州会馆住。会馆从清朝开始就在潮州购置了一批田产，每年的收益汇到北平，每个潮籍大学生每半年可分到三五块钱。一些有钱的同学把领钱的图章交给我，这样我也就有了一笔小小的收入。在潮州会馆，我第一次遇到了我后来的妻子杨志珍。

搬到潮州会馆后，我开始每天到北平图书馆自学英文，有时也到中国大学听一些课，例如孙席珍讲授的文学概论和小说写作。

这一年的 4、5 月间，住在潮州会馆的一个同乡（他也是潮安人，住得离我家不远），名叫詹觉民（也可能叫詹醒民），他因在驻察哈尔的冯玉祥军队里当尉官，搞到两张乘坐车船的免费证，要我和他一道回家走一趟，沿途可以顺便游览观光。我和他一路去了济南、泰山、徐州等地，在潮安住了不到半个月，又一同回到北平。

我通过林仰山的介绍，认识了在美术学院就读的沈福文（他也是闽南人）和他的妻子（四川人）。又通过沈福文夫妇认识了中国文学系的学生杨文辉。我到中国大学听课时，曾去过杨文辉那里几次。她是"戊戌六君子"之一杨锐的后代，四川绵竹人，当时是中国大学二年级的学生，就住在沈福文妻子隔壁的房间。

这一年秋间，我到东城去看中学时代的同学陈辛人和张翼，他们两人住在一起。当时我们都在寻找革命组织。我建议组织一个"中国论坛读者会"，但陈辛人没有兴趣，因此没有实现。我发觉陈辛人看不起我，从那以后便再也没有去找过他。

为了抓紧自学英文，我又从宣武门外的丞相胡同搬到西四的缸瓦市，在那里租了一间民房，这样离北平图书馆近多了。

这一年的年底左右，我经由林仰山认识了住在泉州会馆的陈伯达，林还偷偷地把陈伯达写的《国防概论》借给我看。我看了那本小册子，猜想陈可能是中共党员。从那时起我就有一个想法，希望通过他找到党的关系，但我不敢贸然提出来。

也是在这一年，我开始阅读第三国际用英文出版的《国际通讯》。这份杂志在中国大学传达室的书架上可以看到。为了练习翻译，我曾译过这个刊物上的一些短文。

为了离北平图书馆更近一些，我于 1934 年春又从缸瓦市搬到北海三道门的一家木材厂。我租的是朝西的一个小房间，月租 3 元。正厅是当时有名的文学刊物《文学季刊》的办公室。我每天一早起来就去北平图书馆，直到天黑才回来。

从 1934 年开始，我在北平的《晨报》、天津的《庸报》、上海的《申报》等的副刊及别的刊物上陆续发表一些散文和译作，从此靠稿费过日子。我翻译的第一部作品是美国著名女作家赛珍珠的一个短篇，题目好像是《王龙回家了》。译作发表在北平《晨报》的《学园》副刊上，署名记不清了，好像是陈阜。在这之前，赛珍珠的《大地》曾经风靡一时，引起很大轰动。另外，当时的《文史》杂志第 3 期或第 4 期上曾发表过一篇我写的文章，署名也是陈阜（或阜东）。《文史》的主编吴承仕先生（章太炎弟子，国内有名的训诂学家，中国大学国文系教授）为此专门写了一封信给我，要我去看他。他住在宣武门内大街路东的一个胡同里。我非常感谢一向关心进步青年的吴承仕教授对我的关怀和爱护。我到过他家几次。我就是在他那里认识了孙席珍和齐燕铭。我曾把以上情况向陈伯达汇报，还陪他一起去看过吴承仕先生。也就是在这时候，我请他介绍我参加革命组织。在此前后，我从北海三道门搬到了位于前门外煤市街的漳州会馆。

这一年的9、10月间，通过陈伯达的介绍，北方左翼作家联盟的"老王"到漳州会馆与我接头，并通知我组织上已批准我加入"左联"。"老王"同我联系了两三次以后，又把杨哲介绍给我。杨哲是北大的学生，中共党员，是《华北文学》的编者之一。后来我才知道杨哲的原名叫唐守愚（新中国成立后曾任北京图书馆馆长）。根据"老王"和杨哲的指示，我从1934年底到1935年初在天津《庸报》上发表过一些文艺评论之类的文章，每个月10篇左右。

第三部分　上海

1933～1934年，北方"左联"遭到国民党特务组织的严重破坏，许多同志先后被逮捕，其中包括潘漠华、洪灵菲、范文澜、刘尊棋等人。我与北方"左联"之间的联系人也是在那时被捕的。在那之前，我们只过了一个短时期的组织生活。国民党特务在审讯中要他交代他所认识的人当中还有谁是"左联"成员，他便把我的姓名、住址都供了出来。于是国民党军统特务组织宪兵第三团马上去漳州会馆抓我。我因事先得到通知（可能是陈伯达间接通知我的），提前出走，他们没有抓到我，但是我的住处被他们抄了。宪兵第三团有不少潮籍人。这些人平时经常出入潮州会馆，对我多少有些印象，因此当他们在我的东西中找到一张我的照片时，很快便认出了我，知道我也是潮州人。在他们的四处搜捕下，我无处可以安身，便逃到北平西山，租了一间民房暂时住下。谁知上午住进去，下午我到附近河里洗澡，回来时房东发现我未交房租，就打开我的房门，把我的东西全部拿走了。我没有办法住下去，当晚只好去一个朋友家里借宿。和朋友商量之后，决定设法借钱到上海去。第三天借到了钱，我便和另一位四川籍的朋友一起乘火车前往上海，到了上海就住在那位朋友家里。这位朋友在上海民立中学教书，他因有事要回四川老家，就让我代他上课。可是我因为让班上的学生参加示威游行，很快就被学校开除了。

一个星期以后，我写信给那时已在日本东京的林林（当时他正与任白戈一起在东京出版《质文》月刊），请他设法把我的情况告知上海"左联"，并帮我同上海"左联"接上关系。林林很快从东京给我回信，说上海"左联"会派人来找我。不久，上海"左联"的负责人之一何家槐到真茹找到了我。以后我便同何家槐和王淑明一起编辑出版上海"左联"的机关刊物《每周文学》，这是《时事新报》的副刊之一。后来我自己又单独负责编辑《文化报道》周刊，还和徐懋庸共同合编《希望》半月刊。除了参加上海"左联"的工作之外，我还通过何家槐的介绍参加了"上海文化界救亡协会"和由它组织的抗日救国运动。

我和徐懋庸合编《希望》半月刊是 1935 年 4 月前后的事。这份刊物办得不久，只出了三期或四期。在这期间，我结识了不少左翼文化人，如舒群、罗烽、徐步、丽尼、荒煤、张庚、戴平万、关露等。我还为徐步编的《生活知识》写过稿。此外，我还领导过两个业余的文艺小组。其中一个小组有个组员，就是后来音协的副秘书长孙慎。

1935 年夏天，我同周立波、田间被编在"左联"的同一个小组里。从这时候起，周扬开始找我。他总是在天黑的时候到我住的地方来。有时谈一些问题，但从未深入谈过，因为他总是待一会儿就走。有时则是来借钱的。

有一次，在法租界华龙路的一个亭子间里（可能是田间的房子，也可能是另一个绰号叫马雅可夫斯基青年诗人的房子），因为曹聚仁的一件什么事，周扬叫我写文章骂鲁迅，并且说可以寄到《社会日报》发表。曹聚仁的那桩事我不清楚，因此文章没有写，但从这件事看来，鲁迅在《答徐懋庸并关于抗日统一战线问题》那篇文章里提到的《社会日报》上登的指控他的文章，很可能是周扬组织的。

徐懋庸骂鲁迅的那封信，我和何家槐事先都曾在徐家里看到过。当时他住在金神甫路花园坊，我也住在花园坊。那封信写得很整齐，是誊写过的。徐懋庸在信中说，他"不得不离开上海，拟往乡间"，似乎不是事实。那天我们三人一直走到广慈医院，把信投入邮筒，然后步行到邱韵铎家。那天他并没有走，好像后来也没有回去。由于鲁迅把徐的那封信发表了，引起了很大轰动，因此上面说的那些细节我印象较深，记得比较清楚。

1935年下半年，我们忙着发起"中国文艺家协会"的活动，接着又筹备出版机关刊物《文学界》。首先由邱韵铎出面同光华书店的老板进行商量，等到他同意出版后，再由周扬决定刊物编委的人选。出任主编的周渊实际上并无其人，而是邱韵铎用的代名。当时我也参加了筹办工作，并且出席了周扬召开的一些会议，主要是讨论刊物的选题，地点就在邱韵铎家。拥护"国防文学"的一批文章，从内容、题目到执笔者也都是在邱家开会时确定的。当时我不会写论文，但为了多凑一些人出面拥护"国防文学"的口号，还是给我派了任务。我写的文章中有一篇《评两个口号》，文章的要点是周扬帮我定的。根据周扬的意见，我提出应该把"民族革命战争的大众文学"改为"民族革命战争的全民文学"，并以此作为两派都可以接受的口号。那时我只是笼笼统统地懂得应该宣传抗日民族统一战线的重要性，而对于民族斗争与阶级斗争的一致性及抗日统一战线中的独立自主性问题实际上是不了解的，所以才会提出那样的说法。

1936年冬天，周扬对我和林淡秋说他要去延安了，我们俩也都要求去。他要我们等候他的来信，并给我们留下了西安七贤庄叶剑英同志的地址。后来（大概是1937年春）乔木同志通知我们，组织上要我们继续留在上海工作，这样我们便留了下来。

1937年，我在上海加入中国共产党，监誓人是曹荻秋。"八一三"淞沪战争爆发后不久，上海变成沦陷区。那时所有的中文报纸，除汉奸的《新申报》外，都被勒令停刊。为了突破日伪的新闻封锁，夏衍和我根据党组织的决定，开始着手筹办《译报》。为了凑集经费，我动员赵邦镛（后来他是《译报》的发行人）把他手头的大部分钱都拿了出来。赵邦镛在抗战前就已筹了一笔款，打算用来拍电影，但抗战爆发后原来的计划流产，他于是接受我的建议，将资金移转到创办《译报》上来。那笔钱的主要投资者是赵邦镛在圣约翰大学的同学陈其昌，他是一个进出口商。我和陈其昌之间的联系直到《译报》停刊之后，还继续保持了一段时间。除此之外，我向"学习社"的贾进者借过一些黄金，还和赵邦镛一起向黄定慧借了一笔短期贷款。

《译报》于 1937 年 12 月 9 日出刊，参加编辑部工作的有王任叔、林淡秋、姜椿芳、冯宾符、杨帆、江闻道和潘蕙田。除潘、冯之外，其他人都是党员。上海党组织后来决定请韦悫出面作为《译报》的对外代表。韦悫名义上是《译报》的主笔，实际上完全没有时间过问《译报》的工作。

那段时间，我除了在《译报》的工作（主要是利用夜间译稿、编报、看大样）之外，还从事过以下一些活动。

（1）编《华美》周刊，使用过的笔名包括美懿、美、懿、华美、梅益等。

（2）和恽逸群保持党的联系。他当时负责《导报》和《大美晚报》。我与他、冯宾符、王任叔等组织了一个社论委员会，为各报撰写评论及社论文章。用过我们的社论和评论的有《译报》《导报》《大美晚报》《华美日报》《华美晚报》和《环球报》。我在恽逸群那里认识了袁殊，还有戴湘云和陈同生。

（3）和姜椿芳保持党的联系。当时他正在筹办《时代杂志》。姜本人在塔斯社工作。我通过他认识了陈冰夷等人。

（4）和新知书店的王益保持党的联系。

（5）和生活书店的艾寒松保持党的联系。

（6）和当时群众团体内部刊物《团结》的编者潘蕙田、何封保持联系，并通过他们认识了钱纳水和胡曲园、李平心等。

（7）和林淡秋、戴平万、杨帆共同主编大型报告文学集《上海一日》。

大约在这年的9月间，我和杨志珍结婚，证婚人是钱纳水。我同杨志珍是在1937年下半年再次见面的。当时她一家人与林仰山同时都住在环龙路美乐坊的一幢房子里，我去找林仰山时无意间遇到了她。她本想同于立群一起去延安，后来因为于立群决定与郭沫若结婚而没有去成，便留在了上海。

《译报》是一份四开的日报。为什么取名《译报》呢？因为那时在租界只有外国的报纸才能出版，而《译报》刊登的消息、文章完全是经过翻译的，日本人没有办法不让刊登，所以称为《译报》。这可能是世界新闻史上的创举。当时只有采用这个办法，才能得到租界当局的出版许可证。南京大屠杀和八路军胜利的消息就是上海这家唯一的中文报纸首先向国内报道的。这些消息外国报纸都登载了，中国人却不知道；我们把它们翻译出来登在《译报》上，中国人就都知道了。《译报》出版不到一个月就遭到日本人的取缔，被迫停刊了。后来我们采取了雇外国人出面当发行人的方式，用高薪聘请到一个英国人，由他去申请登记，并与日本人交涉，就说报纸是他办的。这样，原来的报纸改名为《每日译报》之后，又恢复出版了。改版后的报纸不再限于只发表译文，和一般报纸一样，每天对开一大张或两张，出版了一年多，直到1941年汪精卫公开投靠日本时才停止。

1938年我主编《每日译报》期间，八路军驻上海办事处的刘少文同志有一天交给我一本纽约国际出版社出版的由阿列斯·布朗从俄文翻译的《钢铁是怎样炼成的》的英文译本。他对我说，党组织认为这部作品对我国读者，特别是年青一代的读者一定会有教育意义，希望我能够把它作为组织上交办的一项任务翻译出来。我当即接受了这个任务。但因当时工作非常忙，家庭生活也很困难，翻译工作进展缓慢。这样一直拖到1941年冬太平洋战争爆发，日本军队开进租界，党组织要我撤到解放区去，我才在离开上海之前把那本书匆匆忙忙赶译出来。1942年上海新知书店在极端困难的情况下出版了这本书。那年冬天的某个夜晚，我在洪泽湖畔的半城新四军四师师部访问彭雪枫师长时，才第一次见到了这本书。当时他正在油灯下读它，一见我就说，真是一本好书，读后很受感动。

1941年，在我个人的人生经历中是国破家亡、不堪回首的一年。就在日本军队开进上海租界的当日，我一大早便离开家去通知别的同志，而我的一个朋友以为我尚未得到消息，急忙赶到我家去通知我。当时我妻子因身患严重心脏病正卧病在床。她闻讯后十分担心我的安危，便强拖着病体到楼下大灶帮我烧毁材料。她又害怕一次烧太多会引起邻居生疑，就一趟趟上下楼，一次只烧一点点。这么一折腾，没几天就去世了。妻子的尸骨未寒，两岁的小儿子又染上脑膜炎，四天后也死了。在走投无路的情况下，我只得把无人照料的不满四岁的大儿子送到育婴堂。我还记得育婴堂的人看见我儿子身上穿着的毛线衣，还发表意见："谁的父母这么浑，把穿这么好衣服的孩子送到这儿来。"我万万没有想到，半个月后当我再次去看孩子时，竟被告知孩子几天以前已经死了！就这样，短短的40天之内，一家四口就只剩下了我一个人。我那时恨透了日本人，也不想再在上海待下去了！我想去参加新四军，投身到抗日杀敌、报仇雪恨的斗争中去！

第四部分　江淮大学和南通学院

（一）江淮大学

1939年12月1日，中共中央做出关于"大量吸收知识分子"的决定。同时，中央还指示各地党的领导，要他们所在的各抗日根据地和各部队想尽一切办法，鼓励和动员知识分子到解放区帮助举办各种事业，例如出版报纸、组织社团、设立学校等等。中央还要求各根据地加强同沦陷区内知识分子的联系，欢迎他们到解放区参观访问或进行实地考察，来去自由，时间可长可短。1941年，刘少奇同志在离开华中根据地前往延安之前也曾向党中央建议，为了发展根据地的文化教育事业，应该考虑在新四军所在地区办一所大学。江苏省委对中央文件和少奇同志的意见十分重视，专门召开过会议讨论如何贯彻落实。1941年12月8日太平洋战争爆发后，日本军队占领了全部租界，上海的形势日趋严峻，当地所有学校都必须重新进行登记，被迫实施奴化教育。面对这种情况，江苏省委在与新四军军部商议之后，决定在华中抗日民主根据地创办一所综合性大学，并指派沙文汉和我主持这项工作。

我很快同上海各大学与我们关系比较好的教授取得联系，同时通知各大学的党支部，要他们在进步学生中间做工作，动员他们去解放区读书。我还向江苏省委提议，将原来设在苏北后来迁至上海的南通学院全部搬到解放区去重新开办。由于我事情多得忙不过来，江苏省委先后介绍方行、姚溱、张纲、张宗麟等同志协助我进行工作。筹备建校所需的经费问题，经中共中央华中局批准，统由新四军军部负责解决。当时华中局、新四军军部态度都很积极，新四军所属的各个师也都表示愿意配合。华中局副书记饶漱石和新四军军长陈毅同志决定将大学设在淮南新铺，陈毅军长还亲自将该大学定名为"江淮大学"。

筹备工作大致就绪后，华中局便通知上海党组织立刻开始行动，将事先已经联系好的各大学的学生和教授安全地护送到解放区，同时指定由淮南行政公署负责接待工作。1942年我们的交通员曾先后带领几批学生和老师到淮南新铺集中，但由于日本军队从1943年3月开始对淮南根据地发动大规模的扫荡，办学环境不够安全，华中局经过研究后决定，除少数党员学生可以留下之外，其余的学生和教授都分期分批撤回上海。江大校长韦悫（曾留学美国，早年参加过辛亥革命，后任孙中山先生秘书和广东省教育厅厅长，新中国成立后任教育部副部长）和我也留在解放区，没有回上海。韦校长受陈毅同志的委托，继续为学校将来的开学做准备，而我则到上海地下党总结工作学习班参加学习。在学习班学习了半年之后，正好华中局组织一批同志赴延安学习，通知我参加，于是我于1943年9月同其他人一起离开淮南前往延安。

由于日寇对淮南根据地的春季扫荡很快被粉碎，华中局指示江淮大学应迅速恢复开学，同时决定将学校校址由淮南新铺迁至淮北淮宝县的仁和集。从1943年6月开始，原来撤退到上海的学生和教授又陆续返回解放区，前后共100余人。1943年10月5日，江淮大学全体师生在淮北仁和集举行了隆重的开学典礼。陈毅、张云逸、彭雪枫、潘汉年、范长江、季方等领导同志都出席了那天的典礼。我因被派往延安学习，所以未能参加。

我随其他赴延安学习的同志到达晋冀鲁豫根据地后，尚未过平汉线就接到华中局饶漱石的通知，要我不必去延安，还是回去继续办江淮大学，我得到通知后马上返回。在返回的路上遇见了陈毅同志，他正要赶去延安参加"七大"。我把身上带的一支派克钢笔送给了他，看得出他很高兴。与陈毅同志话别后，我于10月底回到淮南，先去华中局向饶漱石报到，然后便赶往江淮大学的所在地仁和集。回到江大后我仍然主要负责党的工作，教学方面的事则由韦校长处理。

上了一段时间课以后，各种问题开始不断出现。一是教学质量不高，学生们感到不满意；二是饶漱石认为韦校长和其他教授的办学主张与解放区的实际情况相互脱节，效果也不理想；三是淮北行署嫌学校开支过大，财政上难以承受。针对这些问题，华中局最后做出决定，将江淮大学撤销停办。学校停办后，原有的老师都回上海，学生们则被分配到淮南、淮北和新四军军部所属的各单位去，分别安排适当的工作。此外，韦悫校长去了新四军军部，而我又参加了华中局办的华东党校整风学习班。

整风运动后期的一个重要内容是进行清查。我原来以为自己历史上没有严重问题，清查对我不会有什么影响。可是整风运动快结束时，党支部书记找我谈话，问我在个人自传里有没有漏掉什么重大事情。我回答说没有。她又问："你小时候是不是曾带领警察去抓过共产党？"我还是回答没有。她就说："你能不能找人替你作证？"我告诉她二师师部有个宣传部长跟我是同乡，他可以证明我的话。说完我就骑马去找这个人。我在师部找到了他，对他说："我在党校整风班学习，有人检举我，说我过去曾带警察去抓共产党，你能否出面为我证明？"他回答说："这件事不是你自己亲口告诉我的吗？"我听了他这句话才恍然大悟：原来是他告了我！回到党校后，我向党支部书记做了汇报，她说："你既然一时找不到证明人，那就只好让这份检举材料暂时保留在你的档案里。"

整党结束后，华中局又办了一所建设大学，并通知我到建大去教书。1945年4月，组织上把原江淮大学学生、后来被分配到淮泗中学教书的尹绮华调到建大，我们便在建大结婚。结婚后组织上又把我们俩一起调到华中新华社工作。

（二）南通学院

南通学院原在江苏南通，是清末状元张謇创办的。最初分为医科、纺织科、农科3个专科学校，以后才合并成为南通学院。其中尤以纺织专科最享有盛名，医、农二科在国内也有一定地位。抗战爆发后，南通学院由江苏迁入上海租界，原任校长郑亦同（国民党CC分子）不久即离沪逃往大后方避难，校务则委托其弟郑瑜代理。上海沦陷后，重庆国民党教育部不断催促郑瑜将南通学院迁往浙江第三战区，该校董事会则希望借此机会把郑瑜挤走，以便安插另外一个与他们关系更好的人出任院长。面对这两种压力，郑瑜不得不设法另谋出路。

当时南通学院已有共产党支部在积极活动，并同郑瑜有所接触，认为存在争取的可能。江苏省委了解到这一情况之后，便指派我（化名为杨先生）作为新四军的代表，直接对郑瑜展开说服工作。我与郑瑜见面后，一面为他分析当时的国内外形势，一面激发他的爱国热情，并对他的个人前途指出方向。我向他表示，新四军军部欢迎他把南通学院搬到敌后抗日民主根据地去，并将尽一切力量从经费和其他方面给以支持与配合。我还告诉他，如果他有任何疑问，不妨先到根据地去看一看，然后再做决定。1942 年 7 月中旬，郑瑜应邀至新四军二师所在地参观访问。这次访问使他深受教育，思想起了很大变化。又由于在这之前，南通学院党支部在上级的指示下，已经广泛地动员学生向校方呼吁，要求将学校迁往抗日根据地，所以郑瑜于 8 月返回上海后即做出决定，将学校迁到新四军二师所在的地区，即当时最繁荣的天长县铜城镇。从 9 月到 10 月，先后有教员 15 人、学生 50 人左右安全抵达铜城镇。学校共开设 7 个班，仍以纺织科和农科为主，11 月 1 日开始正式上课。

1942 年底，敌伪准备对淮南发动大扫荡，根据华中局的指示，学校师生实行分散隐蔽，住在基层群众家里近一个月时间。随着抗战转入最艰苦的相持阶段，根据地里到处都弥漫着炮火硝烟，尽管大家主观上还是想把学校继续办下去，但客观环境已经不允许这样做。华中局果断地决定，南通学院暂时停办，师生全部撤回上海。1943 年 1 月 1 日，大家在一起欢度元旦，钱俊瑞作了结束学习的动员报告。我也在会上讲了话。动员会结束后，师生们便依依不舍地离开了根据地。回到上海后，大家都在等待机会重回根据地，只是这样的机会再也没有出现。

第五部分　重返上海

1945 年 8 月 15 日，日本宣布无条件投降后，上级通知我说，党中央决定近期在上海组织武装起义，配合新四军夺取上海，并已任命华中局城工部部长刘长胜为首任上海市长。通知还要我同刘长胜同志一起返回上海。8月21日，我和尹绮华都化了装，她陪同刘长胜同志，我则走另一条路线，分别于当天进入上海市区。

我们一到上海，很快就得悉中央已经撤销了武装起义的决定，但要我们继续留在上海，抓紧时机展开宣传和统战工作。1945年9月14日，毛泽东、周恩来同志联名致电华中解放区负责人，要求尽快在上海出版《新华日报》，并且指定范长江、钱俊瑞、阿英和我4个人负责具体筹办。在此后的一个月里，我的主要工作就是为出版沪版《新华日报》做准备。当一切都安排就绪之后，国民党当局却竭力阻挠，不予批准，致使《新华日报》始终未能在上海出版。

办理申请出版的同时，也就是1945年的9、10月间，利用我们已有的房子和设备，潘梓年翻印了《群众》周刊，夏衍于10月10日出版了《建国日报》。该报颇受上海市民欢迎，但只出版了十多天就被国民党市党部查封了。在与姜椿芳、林淡秋等人恢复联系后，我们共同认为需要进一步加强《时代日报》（姜椿芳主编）的新闻报道和时事评论。经过商量，决定组织更多的人为该报写稿：我负责写有关国内形势的评论，姚溱负责写分析内战形势发展的军事评论（笔名为"秦上校"），我也写过一些军事述评文章；杨培新、钦本立等负责写经济述评；陈原、陈翰伯负责写国际评论。除此之外，我还经常把从电台上抄收的新华社电讯消息加以改头换面，以"本报电讯"的方式在《时代日报》上发表，结果在群众中引起很大反响。《时代日报》一直坚持出到1948年的下半年。日本宣布投降之前，上海地下党根据中共中央南方局的意见曾出版过一份《联合日报》（社长刘尊棋，经理王纪华）。日本投降后，该报被国民党下令封闭。但是没过多久，该报便改名为《联合晚报》，由我帮助王纪华于1946年4月15日再度出版。我还为该报写了"本报特讯"和一些专电，将新华社的消息透露出去。《联合晚报》一直出到

1947 年 5 月 24 日，结果又被国民党当局勒令停刊。我们还组织方行、姚溱于 1946 年 4 月 7 日出版了《消息》半周刊，很受读者欢迎。固定的撰稿人有叶圣陶、金仲华、周建人、蔡尚思等，我也是其中之一。该刊只出版了一个半月便被国民党查封。

1945 年 8 月重新回到上海之后，我与《民主周刊》的马叙伦和《文萃》的孟秋江一直保持经常来往。八路军的一些同志到上海后，提出要与许广平、马叙伦见面，当时就是由我在双方之间进行联络的。我还会见过两个美国军官，向他们介绍了国内解放战争的形势。另外，我还代表上海地下党先后看望过郑振铎、周予同、金仲华、吴耀宗、沈体兰、蔡尚思、张宗麟等学者和知名人士，向他们介绍我党对当前时局的看法和一贯的政策主张。

1945 年 9 月间，我按照上级指示在一家咖啡馆与恽逸群同志见面。我告诉他，组织上考虑到他当时的处境已很不安全，决定让他离开上海到淮南解放区去。恽逸群同志临行前把他在愚园路公寓的一套住房让给了我，这里后来便成为江苏省委召开省委工作会议的秘密地点。经常到我家参加会议的省委成员有刘晓、刘长胜、张执一、张承宗等人。1946 年 6 月上旬，几个头戴军统帽、身穿军装、拿着手枪的流氓闯到我家里来。当时只有我妻子尹绮华一人在家，她那时挺着个大肚子，还有几天就要生产了。那几个人对她说，你丈夫是汉奸，我们是来搜查的。说完就到处翻东西，最后拿走了一些衣物。当时我估计这些不速之客主要是为了抢东西，并不是因为发现我们有什么可疑之处。但上海地下党得知此事后觉得不能大意，主张我还是应该尽快离开上海。出事后的第三天，刘长胜告诉我，周恩来同志已经决定调我到南京梅园新村中共代表团工作，并且要我立即动身。我赶紧把尹绮华送入妇孺医院，6 月 14 日她就生下了第一个男孩。几天之后我把她接回家，又找了一个保姆负责照顾她。处理完这些家事之后，我便于 6 月下旬前往南京梅园新村中共代表团驻地报到，从此结束了我多年来在上海地下党的工作和生活。

第六部分　南京中共代表团

我大约是在1946年的6月底到达南京。记得从上海到南京梅园新村那天，是廖承志同志接我进去的。晚上去见周恩来同志，他叫我负责新闻处（即新华社南京分社）工作，同时担任中共代表团发言人。当时新闻处编辑、印刷等具体工作由杨兆麟和郭冶方等同志负责，此外邹晓青曾短期参加编辑工作。

作为代表团的发言人，我的工作主要是：

（1）把我方活动包括前线战事的消息通知新闻界，让他们了解谈判和战场上的情况、我党的政策和对时局的态度等。

（2）回答新闻界提出的问题。

（3）搜集情报。由于新闻记者接触面广，消息既快又多，通过同他们的接触，多少可以了解一些敌人的动态。如1946年国民党准备在苏北战场动用毒气弹，有的记者把消息告诉我，我立即报告周恩来同志，以后又报告党中央，并在报纸上予以揭露，弄得国民党很被动。

记者工作我做得比较多。我们明知有些记者是反动的，还是要接近他们，做争取工作。对进步记者，除向他们透露一些重要消息外，还和他们交朋友、谈政策，给他们出版物，使他们看问题、写东西能够深入一步。他们经常到代表团来，偶尔我们也找他们，但次数不多，主要是考虑他们的处境。我去过浦熙修家，她是进步的左派记者，在重庆时便与我党有联系。"下关事件"中她负了伤，我到她家去探望过。

（4）我还做些接待工作。当时许多要找党或是与党失掉关系的人得到代表团来接头，我经常接待这些人。

1946年6月26日，国民党军队开始大举进攻中原解放区，全面内战终于爆发了。9月底，国民党军又兵分三路进攻张家口，并于10月11日占领了张家口。此时国共谈判已到破裂的边缘。11月15日，蒋介石不顾年初政协会议达成的五项协议，悍然地片面召开伪国大。11月

16 日，周恩来在南京举行中外记者招待会，宣布国共谈判彻底破裂。19 日，周恩来率中共代表团部分人员返回延安，尹绮华也在那时随代表团一起去了延安。根据中央的指示，我没有马上撤离南京，而是留在原地协助董必武同志处理善后工作。由于美国特使马歇尔回国后即就任国务卿新职，美国政府又派魏德迈来华与我们谈判，但是没有任何结果。

1947 年 3 月，中共驻南京办事处快撤离时，敌人对梅园的监视相当严，外面密密麻麻地都是他们的人。我们为了发出《告别声明》，想了很多办法，最后通过《南京人报》等报纸发表了。

我撤退前，给戴巍光、谢蔚明、陆平（李益之）等记者留下的联系代号是"惠"字，给陆慧年（党员）留下的联系代号是"穗"字。这是钱瑛同志转入秘密工作前和我商量决定的，因为这些记者有着比较广泛的社会关系，在必要时可以争取他们的帮助，但后来这些关系都没有用上。

王炳南也是中共代表团发言人，主要是对外国记者。我的工作对象是中国记者。

1947 年 3 月，我与董老和代表团的其他留守人员一起撤退到延安。我们到达延安后的第三天，胡宗南的军队就开始进攻延安。面对敌人的优势兵力，中共中央于 19 日主动撤出延安，但毛泽东、周恩来、任弼时等中央领导同志在此后的一年半时间里始终坚持留在陕北，运筹帷幄，指挥全国各个战场的军事作战行动。从延安撤退出来以后，我与廖承志、陈克寒及新华总社的其他同志一起向东渡过黄河，先到晋绥，再到晋察冀，最后到达晋冀鲁豫太行区的涉县，也就是当时陕北新华广播电台第二战备台的所在地。那时我负责陕北台的宣传工作。当时陕北台编辑部是新华总社的一个部，每天都与远在陕北的党中央进行电报联系。许多重要的新闻和评论，都是事先报送中央，经毛泽东、周恩来、陆定一等领导同志审阅以后再发回太行，才由陕北台广播出去的。1948年 5 月，毛主席和中共中央由陕北转移到了河北平山县的西柏坡，在那里指挥了大规模的秋季攻势，接着又组织了震惊中外的辽沈、淮海、平津三大战役，一举歼灭国民党正规军 140 多个师、150 余万人，为人民解放战争在全国的胜利奠定了基础。

第七部分　广播电视工作

1949 年 1 月 31 日，北平和平解放，新华社、广播电台的部分人员随军进城，接管了北平的各新闻单位。我与新华社一部分同志一起，于同年 2 月进入了北平城。

1949 年 3 月 25 日，陕北新华广播电台迁入北平，改名为北平新华广播电台，并于当晚开始广播。1949 年 6 月 5 日，党中央决定成立中央广播事业管理处，由廖承志任处长，李强任副处长。1949 年 10 月 1 日，中华人民共和国中央人民政府政务院决定将原来的中央广播事业管理处改组为广播事业局。同日，为庆祝中华人民共和国成立，北京新华广播电台在首都天安门城楼上对"开国大典"的整个过程进行了实况广播，各地人民广播电台也在同一时间做了转播。那天的实况广播工作是由我主持的，它是我国人民广播史上第一次在全国同时进行联播的实况广播。

1949 年 12 月 16 日，中央人民政府政务院发出通知，任命李强为广播事业局局长兼总工程师，任命我为副局长兼中央人民广播电台总编辑。李强是无线电专家，主要负责技术方面的工作；有关宣传业务方面的工作则由我负责；另外还有一位副局长徐迈进，主要负责行政管理方面的工作。1950 年 5 月，陈云同志打电话告诉我，要把李强调到莫斯科去当参赞，因为他懂俄文又懂技术。1952 年李强调走后，我开始担任局长，两个副局长分别是徐迈进和温济泽，陆定一同志的弟弟陆亘一则担任总工程师。

按照 1951 年制订的规划，全国各大行政区和各个省、市都应建立自己的广播电台，这项工作到 1952 年底便基本上完成了。根据毛主席要让全世界各国都能听到我们声音的指示，广播局在 1953 年制订的第一个广播事业发展五年计划中确定了"先中央后地方，先对外后对内"的重点发展方针，在加强中央对内广播宣传的同时，积极筹建对外广播电台。"一五"计划期间在北京地区建成一座对外广播发射中心，"二五"计划期间又先后在我国西北、西南和北京地区建成 3 座对外广播发射中心，使世界上绝大部分国家和地区都能听到中国的广播。

1955 年国务院发布指示，规定在全国建立 10 000 个收音站。那时城市的人要收听广播可以买收音机，但住在农村的人是听不到广播的，因此就需要在各县设立收音站，由专人收听以后，将各种重要消息（包括天气预报）抄录下来，印在专门出版的小报上，然后发放到下面的各个农业社去。为了解决广播设备和收音机的生产问题，广播局还设立了广播器材厂和收音机厂。1955 年，毛主席在党的七届六中全会上提出"发展农村广播"的要求。1956 年，中共中央颁布的《1956 年到 1967 年全国农业发展纲要（草案）》明确规定：在 7 ～ 12 年时间内，全国各地农村基本上都要建立有线广播网。农村广播网是我国人民广播事业的基础，只有普及农村广播网（其中又以有线广播网为主），才能使生活在广大农村地区的农民群众听到广播，了解国内外发生的事情，欣赏他们所喜爱的文艺节目。经过努力，到 1965 年底，有线广播网在我国农村地区基本上达到普及。

1956 年 5 月 28 日，刘少奇同志在听取我的工作汇报时，谈到了发展电视广播的问题。他指出，全世界都在搞电视，我们也要搞。他还主张先搞黑白电视，但重点应该是搞彩色电视，因为彩色电视比黑白电视更接近自然。他认为电视发射机和接收机最好是由我们自己生产，他还建议广播局建立自己的剧院。我们原来计划到 1959 年国庆十周年时建成第一个电视台，可是后来我从《参考消息》上得知，台湾也准备在 1959 年建立电视台，我感到无论如何不能落在台湾后面，必须抢在台湾之前建立中国的第一个电视台。那以后不久，日本在北京西郊的苏联展览馆举办了一次工业展览会，毛主席出席参观。他刚跨入展览馆的大门就从设在进口处的电视屏幕上看到了自己，感到非常高兴。展览会结束后，我们就把那套设备全部买了下来，其中主要是一部50千瓦的黑白图像发射机和一套接收系统。我当时就让工程师黄云参考这套设备开始进行研究试制。经过广播局与清华大学的专家和技术人员以及广播器材厂全体员工的辛勤努力，我国第一部黑白电视发射机（功率为1000千瓦，1959年增加到5000千瓦）及播出设备终于在1958年春试制成功，并于同年5月1日进行试播。9月2日开始正式播放，每周播出4次。可是台湾的电视台在那年10月并没有建起来。为了让人们可以看到电视节目，我们从苏联进口了50台"红宝石"牌电视机，这些电视机分别放在北京百货大楼、劳动人民文化宫等处。1959年10月1日当天，北京的许多民众都从电视机上看到了新中国成立10周年庆祝活动的实况转播。

1959年以后，随着对外广播的发展，如何提高对外广播的质量，如何培养更多更好的外语人才成为当时迫切需要解决的问题，而这些都离不开外国专家的帮助。从那一年开始，我们聘请外国专家的重点逐渐从科学技术专家转为语言和教学专家。我们不但从苏联、美国、法国、日本等主要国家请来了专家，还通过第三国或兄弟党的关系聘用了巴西、西班牙、伊朗、土耳其、澳大利亚等一些中小国家的专家。这些外国专家为我国对外广播事业的开展做出了很大的贡献。

1950～1965年，应各国有关方面的邀请，我曾率领中国广播电视代表团先后访问过苏联、东欧各国、英国、日本、瑞士、古巴、巴西、智利、阿根廷等国家。通过这些访问，或者与对方签订广播电视协议，或者就双方合作中的重大问题进行商谈，增进了与这些国家相互之间的了解与合作。除此之外，我还应越南胡志明主席、朝鲜金日成首相、阿尔巴尼亚霍查总书记的邀请，率代表团访问了这三个国家，讨论帮助他们建立广播电视台的问题。在与他们签了协定之后，我国工程技术人员很快就帮他们把广播电视台建成了。

我在广播事业局工作期间，还参加了一些社会活动。1949 年我被选为中国人民政治协商会议的代表（后来是委员）。9 月 2 日政协开幕那天，我终于在怀仁堂见到阔别 23 年的恩师杜国庠，当时他是解放区民主人士的代表。我们两人曾经有一段时间都在上海工作，但他是在"社联"，我是在"左联"，而且又都改名换姓，因此始终没有见过面。艰苦的斗争和贫困的生活使他看上去苍老了许多，但我还是一眼就认出他。我眼里含着热泪，赶上前去紧紧抱住他。如果不是他在我最困难时候扶我一把，我怎么可能有机会在怀仁堂再次见到他！直到通知开会的第一遍铃声响过，我们才分别回到自己的座位。

顺便在这里提一句，在广播局任职期间，有三件事情处理起来相当棘手。一是 1952 年初中央决定开展"三反运动"，对机关干部中的党员以及中层干部中留用的原国民党人员进行登记、审查和处理，合格的继续使用，不合格或有问题的则开除党籍、撤销职务、加以遣散。我当时是严格执行党的指示的，凡是有问题、年纪大、能力差的人员都一律发给一笔安置费，让他们离开工作岗位。二是 1957 年"反右派"运动中，虽然广播局被划为"右派"的人数不多，但事实证明这些人都被划错了。三是 1960～1961 年，中央要求政府各部门精简机构，广播局精减人员的指标是 3000 人。这些人精减下来以后，由广西、安徽、四川三个地方负责接收安置。我们费了好大力气，最后实际精减了 2000 余人。这三件事每一件都涉及很多人，其中处理不当的例子也是不少的。

第八部分　"文化大革命"

1962 年 10 月 1 日，毛主席在天安门城楼上对周总理说："你们要管广播电台。电台怎么样？不要出问题。广播电台一广播，全中国和全世界都可以听到，而我们在这里讲话没有人听得见。"他还说，伊拉克政变主要靠两手，一手是抓坦克兵团，一手是抓广播电台，结果政变就成功了。周总理后来把这件事交给北京军区司令员杨成武同志负责处理。杨成武从部队中抽调了100多人派往广播局，又将97军政委丁莱夫调到广播局任党组第一书记。这样一来，我变成了党组第二书记兼局长，实际上是第二把手。我当时有些思想情绪，觉得中央不再信任我了。没过多久，我就向姚溱（时任中宣部副部长）提出调动工作的要求，希望能回广东工作，但是没有下文。1965年7月我又提出去广东农村搞"四清"，这次上面同意了，康生还要求我每个月给陶铸写一份汇报。这样我就离开了广播局，带领一个会讲潮州话的工作组到广东贫困的海丰，也就是彭湃同志的老家去了。

"四清"工作进行到一半，1966年4、5月间，由于要参加亚洲记者协会的会议，我曾回北京短暂停留。那时正是"文革"爆发前夕，北京的空气已经变得很紧张。5月4～26日，中共中央政治局扩大会议在北京召开，批判了所谓"彭、罗、陆、杨反党集团"和"二月提纲"，撤销了原"文化革命五人小组"，并且通过了《五一六通知》。我在记协会议上见到了姚溱和范瑾，他们对当时的形势都感到很忧虑。记协会议结束，我又回到广州。杨尚昆同志那时已经被免掉中央办公厅主任的职务，下放到广东省委。他听说我到了广东，就约我同他见面。我于5月12日去小岛10号楼找他，他一见面就问我："彭真同志是否病了？"我说："不知道，亚非记协本来是请彭真致开幕词，结果出面的是万里，'五一'劳动节他也没有露面。"他接着告诉我说："今天早晨与姚溱通过电话，问他彭真同志是不是病了，他没有直接回答，只是说：'我们正在北京郊区游山玩水呢。'"他还说彭真同志陪日本的宫本到上海时曾到医院去看过他。对他说吴晗问题不是政治问题，而是学术问题。我告诉他："这几天香港报纸都说彭真多长时间没有出来活动了。"他回答："内部参考上也有。"我又问："彭真是否犯错误了？"他说："你不要去管这些！"后来我从广东台的田蔚那里得知"文化革命五人小组"被撤销一事。在听了中央文件的传达之后，又知道姚溱已经出了问题。当时我就决定以后不再回广播局了。

在广东海丰搞了一年多"四清"，忽然接到广播局通知，要我立即返京。我路经广州时去看了陶铸同志。他过去一直是中南局书记兼广东省委书记，但那时已经接到调令，要他去北京接替陆定一的中宣部部长职务。陶铸对我说，你回去好了，他们不会对你怎样的。这样我就回来了。

到了北京机场，发现来接我的只有保卫处长彭宝和几个家里人，局领导成员连一个都不见。彭宝一路跟我回到家，进门后就要我交出从新四军时期保留下来的一把手枪，他还剪断了我家的保密电话线，并通知我去广播局看大字报。我来到广播局后，看见所有大字报都贴在一间房子里，就跟其他人一起进去看。那些大字报大部分都是批判我的。我一直看到晚饭时间才回家。在家里吃过晚饭，局专案组派了四个人来跟我谈话。他们要我待在家里写检查，不必去机关上班，有什么事，他们会来通知我。

过了三四天，专案组要我去广播局开会。去了以后才知道是参加针对我的批斗大会。会上发言的人都异口同声称我为"走资派"、叛徒、特务。批斗大会结束后，我被人押上一辆卡车，接着就开始游街，先开到西单，然后折回广播局，在广播局宿舍周围继续游街。一路上许多小孩子纷纷朝我身上扔石头、丢脏东西。游完街时间已经不早了，就把我和另外几十个人都关在广播学院的大楼里，门口有人站岗，谁也不准出去。在这期间，我的家先后被抄了好几次，而等待我的则是无休无止的斗争大会。我的第一个罪名就是一贯不尊重江青：她要谭鑫培的唱片我不给；她要 80 盘进口磁带，我要她付外汇；她到广播局 7 次我都没有见她。还有一个罪名是我在广州曾向杨尚昆（当时他名义上还是省委书记）通风报信并与之密谈。当着到会的 1000 多名干部，"造反派"强迫我低头认罪，并要我老实回答问题。当时"大批判"刚开始，还不像后来那样疯狂，"造反派"在逼我交代的同时，还允许我说明事情的整个经过情况。当时没有人鼓掌，除了少数想夺权者外，到会的人都对我表示同情，这可以从大家的表情看出来。我在广播局机关内部没挨过打，"造反派"只是给我剃了阴阳头，让我跪沙盘。我腰部、腿部、头部受伤都是外单位的人干的。"造反派"不但在广播局开会斗我，还把我弄到外面去接受批斗。我曾被带到北京工人体育馆，与彭真、张闻天一起被斗争；我还在北大受到大学生的斗争，在东郊双桥广播发射台受到该厂职工的斗争。在这些斗争会上，我挨了不少打。

我在广播学院被关了两年，直到 1968 年才被下放到广播局在河南淮阳开办的"五七干校"进行劳动改造。由于干校的劳动强度大，我的心脏病不久便复发了。1972 年，根据周总理的指示，我从河南回到北京治病，以后便住在家里。在家里住了一段时间，专案组的人到家来跟我说，希望我每天能去电台编辑部帮忙看稿子。从这时起不再开大会斗争我了。在编辑部看稿子期间，因为不是很忙，我便利用空闲时间开始写从进北京城到"文化大革命"期间在广播局工作的回忆总结。

1976 年"四人帮"垮台后，广播局召开大会，在会上当众宣布，过去加在我头上的"三反分子""走资派""叛徒""特务"等罪名都是莫须有的，应该全部推翻，彻底平反。

在获得平反后，事实上我仍然没有真正得到"解放"，也没有机会重新开始工作。最后是靠了胡乔木、廖承志、吴冷西等同志的帮助，我才离开先后待了28年的广播局，走上新的工作岗位。

第九部分 "文化大革命"以后

1977 年 5 月 7 日，中国社会科学院经中央批准正式成立。1977 年11 月 26 日，中央任命胡乔木同志为中国社会科学院院长。在社科院召开的一次全国会议上，乔木同志宣布调我到社科院科研组织局工作。1978 年，中央任命我为社科院副秘书长兼科研组织局局长。那时全国正在开展反对"资产阶级自由化"和清除"精神污染"的运动，院里让我负责这项工作。后来为了开展与美国之间的学术交流活动，中国政府决定派一个代表团去美国进行谈判，科学院由钱三强带队，社科院则由我带队，共同组成一个访美代表团。这个代表团在美国进行了广泛的考察，同许多大学及科研机构签订了合作交流协议。1979 年 6 月 6 日，应法国方面的邀请，我率领社科院代表团去法国进行了友好访问，并就双方如何开展学术交流活动的问题达成了协议。1981 年，乔木同志因病住院，他在住院期间给中央写了一份报告，说到他已无法继续主持社科院的工作，建议由马洪同志担任院长兼党组第二书记，由我担任党组第一书记兼秘书长。这个建议后来中央批准了。乔木同志出院后应邀去美国访问，从美国回来后又给中央写了一份报告，建议胡绳同志当院长，我改任顾问，但仍参加党组。乔木同志临去世前，再一次建议中央调我去中国大百科全书出版社工作。

1986 年，我奉调前往中国大百科全书出版社，担任总编辑兼社长，同时继续在社科院当顾问。编辑出版我国自己的大百科全书的想法，最早是由姜椿芳同志提出来的。他在"文革"期间被关了好多年，在监狱里开始产生了这样的想法。1978 年 1 月 27 日，姜椿芳首先向社科院建议编辑出版《中国大百科全书》，这个建议登在了社科院院报上，被邓小平同志看到了，立刻表示支持。同年 5 月 21 日，中科院、社科院和国家出版局三个机关的党组联名打报告给党中央，建议组织力量编写《中国大百科全书》。5 月 26 日，乌兰夫同志批示同意，小平同志圈阅认可，这件事就定下来了。

《中国大百科全书》的首任总编辑兼出版社社长是姜椿芳。在他的领导下，各方面的工作都取得了很大的成绩。后来由于他患有严重的青光眼病，几乎没办法看东西，乔木同志才建议中央调我去接替他的职务。我到中国大百科全书出版社后，继续组织各个专业的专家、学者进行全书尚未完成的各分卷的撰写工作，到 1993 年 8 月 12 日为止，全部 73 个学科卷终于先后出齐。如果加上 1994 年出版的最后一卷即总索引卷，第一版《中国大百科全书》一共是 74 卷。

为了纪念中国第一部大型综合性百科全书的问世，1993 年 10 月 8 日在北京人民大会堂举行了隆重的"《中国大百科全书》编辑出版胜利完成庆祝大会"，江泽民总书记、李鹏总理、李岚清副总理等党和国家领导人，以及各有关部门的负责人和参加编写工作的各个专业的专家、学者、大学教授等共 500 多人出席了那天的庆祝活动。

《中国大百科全书》第一版出齐之后，我们紧接着又组织专家、学者在第一版的基础上进行修订，计划在 2003 年再出第二版。

1995 年，我与美国不列颠百科全书公司的代表签订协议，规定由双方合作翻译出版《不列颠百科全书》的中文版。中文版的翻译工作由刘尊棋负责。在我们与该公司代表谈判的过程中，邓小平同志曾先后三次会见美国客人，并且向他们表示，合作出版《不列颠百科全书》中文版是一件很有意义的事情。

由于台湾也很想出版一套中文版百科全书，但是却不具备编写能力，于是便在 1991 年派人到中国大百科全书出版社来与我商谈。后来我们在香港见面，再一次进行商谈，最后就一些关键词条的处理办法达成协议。有了这个协议之后，我们每出一卷，他们便买回去照原样排印出版。我们在 1993 年将全书出齐，台湾在 1994 年也出全了第一版，但实际出版的卷数只有 60 卷。